NORDIC WALKING – DAS ORIGINAL

NORDIC WALKING – DAS ORIGINAL

Marko Kantaneva

Meyer & Meyer Verlag

Originaltitel: Sauvakävely, Nordic Walking
Gummerus 2005

Nordic Walking – Das Original

Bibliografische Information Der Deutschen Bibliothek
Die Deutsche Bibliothek verzeichnet diese Publikation in der Deutschen Nationalbibliografie; detaillierte bibliografische Daten sind im Internet über http://dnb.ddb.de abrufbar.

Adelaide, Auckland, Budapest, Graz, Johannesburg, New York,
Olten (CH), Oxford, Singapore, Toronto
Member of the World
Sportpublishers' Association (WSPA)
Studien: Raija Laukkanen
Umbruch: Raul Kask
Übersetzung: Kielipalvelu Filial OY
Druck und Bindung: Finidr s. r. o., Český Těšín
ISBN 10: 3-89899-144-X
ISBN 13: 3-89899-144-5
E-Mail: verlag@m-m-sports.com

INHALT

Ihre Existenz ist Ihr Traum

DIE EFFEKTIVSTE SPORTART DER WELT – NORDIC WALKING

Wir gratulieren Ihnen zu Ihrer Wahl! Das vorliegende Buch handelt von der Entstehungs- und Entwicklungsgeschichte der einfachsten, effektivsten und sichersten Gesundheitssportart der Welt - Nordic Walking - und gibt authentische, richtige und ursprüngliche Antworten auf Ihre eventuellen Fragen. In diesem Buch finden Sie auch Anweisungen, wie Sie den besten Gesundheitssport der Welt betreiben können.

Im vorliegenden Buch zeige ich Ihnen, wie man mithilfe des Nordic Walkings die körperliche Ausdauer, die Muskelkraft und die Gelenkigkeit verbessert. Sie können Ihre Kondition durch eine einzige Sportart - Nordic Walking - in Form halten! Um dieses Ziel zu erreichen, benötigen Sie keine anderen zusätzlichen Übungen. In diesem Buch wird Ihnen die richtige Nordic Walking-Technik vermittelt auf die genau für Sie passende Art und Weise. Mit der richtigen Technik ausgeführte Nordic Walking-Übungen gewährleisten die Optimierung Ihrer Ausdauerfähigkeiten und dadurch die Verbesserung Ihrer Gesundheit und Ihrer Stimmung.

OVERLANDER

Was ist eigentlich Nordic Walking?

Kurz gesagt, ist Nordic Walking Gehen, wobei die Bewegungen durch Stockschübe mit den Händen intensiviert werden.

Beim Nordic Walking bewegen sich Arme, Beine, Hüfte und der ganze Körper rhythmisch. Die Bewegungsabläufe sind den Bewegungen beim normalen schnellen Gehen ähnlich. Beim Nordic Walking bewegen sich die gegenüberliegenden Arme und Beine abwechselnd rhythmisch nach vorne und hinten, nur sind die Bewegungen wesentlich intensiver als beim normalen Gang. Damit die Übungen effektiv sind, ist es wichtig, sich von Anfang an den Rhythmus und die Bewegungsabläufe des Nordic Walkings anzueignen. Die Länge der Bewegungswege der Arme nach vorne und hinten reguliert die Bewegungswege des Unterkörpers, d. h. auch der Füße. Enge und kurze Bewegungswege der Arme verkürzen ebenfalls die Bewegungswege der Hüfte und Beine. Das Gleiche gilt auch umgekehrt, falls man mit sehr kleinen Schritten geht. Dabei ist es unmöglich, mit den Armen lange Hin- und Rückbewegungen zu machen. Je länger der Stockschub nach hinten, an der Hüfte vorbei, ist, umso größere Schritte müssen Sie machen. Je länger und vollendeter die oben genannten Bewegungswege der oberen und unteren Extremitäten sind, desto kräftigere Drehungen der Hüfte, des Brustkorbs und des Nacken- und Schulterbereichs werden erzielt. Mit möglichst großen, abwechselnden und umfassenden Schritten betriebenes Nordic Walking stellt eine besonders gute Übung für den Stütz- und Bewegungsapparat dar.

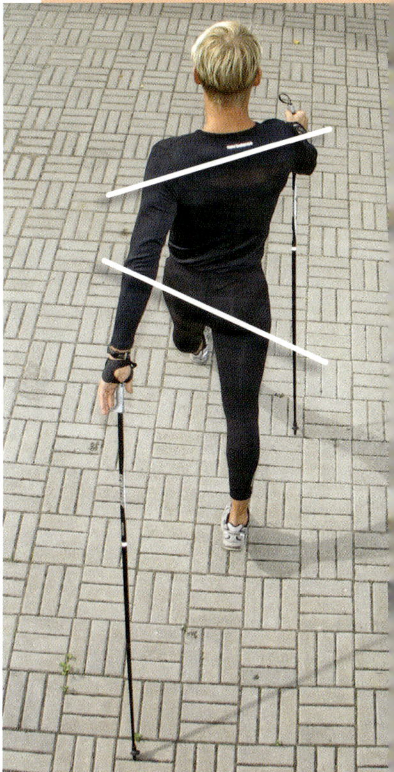

Vorteile des Nordic Walkings

Welche Vorteile bietet Nordic Walking? Nordic Walking verbessert Ihre körperliche Leistungsfähigkeit und hat auch viele andere Vorteile. Die Nordic Walking-Stöcke motivieren Sie, regelmäßig Sport zu betreiben. Die Stockgymnastik erhöht die Gelenkigkeit des Körpers, wodurch sich ein Gefühl der Geschmeidigkeit und Attraktivität einstellt. Aus nachfolgender Tabelle sind Angaben über die durch Nordic Walking erzielten Ergebnisse ersichtlich.

Warum Nordic Walking die effektivste Gesundheitssportart der Welt ist

- Nordic Walking trainiert alle großen Hauptmuskelgruppen. Die Arm-, Rücken-, Bauch-, Seiten-, Hüft- und Beinmuskulatur wird gekräftigt.
- Nordic Walking optimiert die Atmungs- und Kreislauforgane. Ihre Lungen, Ihr Herz und der Blutkreislauf arbeiten besser.
- Nordic Walking kann man überall und jederzeit auf Asphaltstraßen, im Park, an Ufern und Stränden oder im Wald betreiben.
- Die Bewegungsabläufe sind beim Nordic Walking völlig natürlich. Sie basieren auf den normalen Bewegungsabläufen beim Gehen.
- Nordic Walking ist eine passende Sportart für alle. Sowohl Spitzen- als auch Fitness- und Gesundheitssportler, ältere Leute, Jugendliche und Kinder können Nordic Walking erfolgreich ausführen.
- Sie können die Nordic Walking-Stöcke für eine Stockgymnastik verwenden. Durch Stockgymnastik wird Ihr Körper gelenkiger, stärker und straffer.

Wirkungen und Stimmungen, die Nordic Walking bewirkt

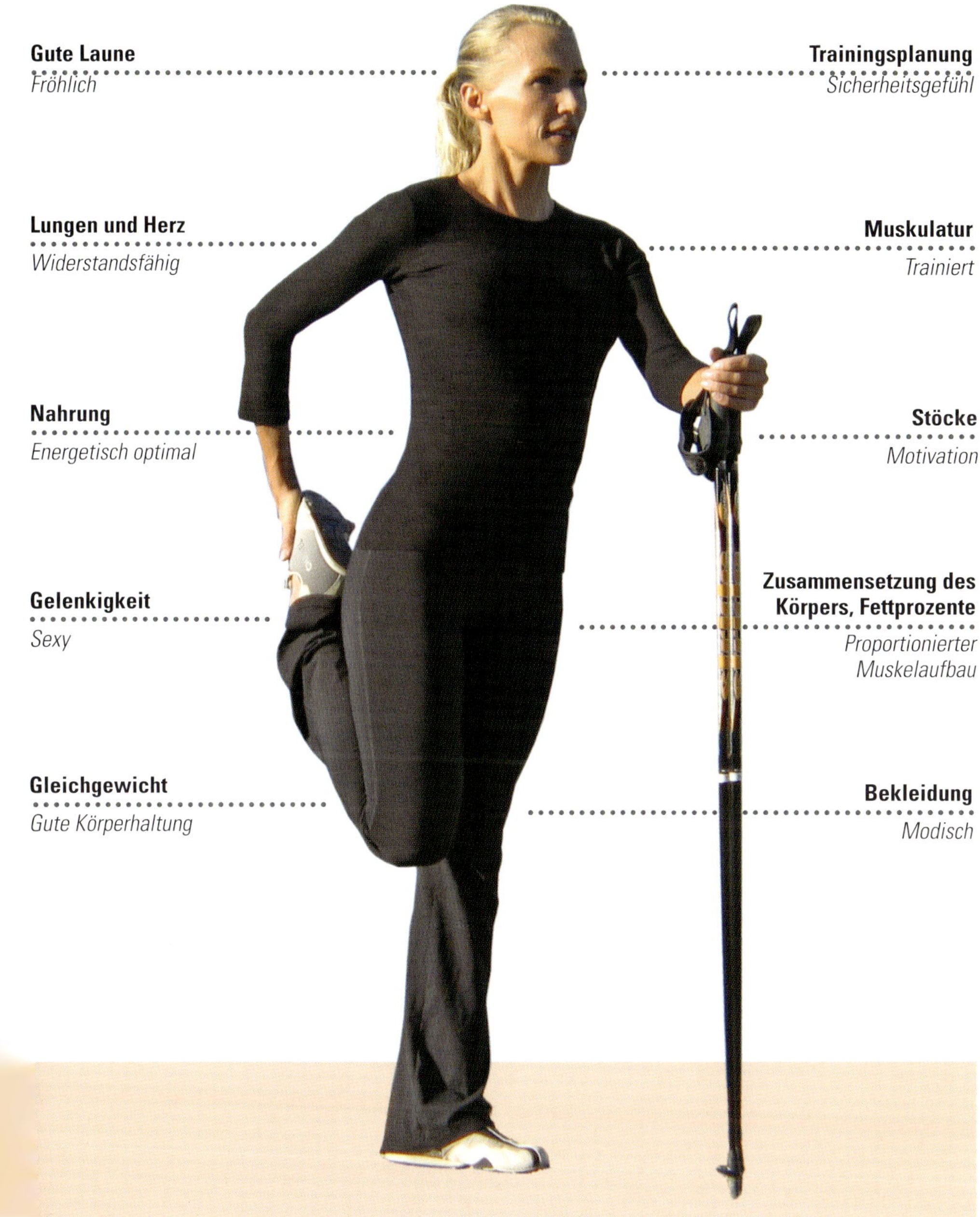

Ist Nordic Walking für Sie geeignet?

Bitte beantworten Sie die folgenden Fragen:

1. Ist Ihr Nacken-Schulter-Bereich beschwerdefrei?
2. Betreiben Sie genug Sport (mindestens 1-2 x wöchentlich und etwa 30 Minuten pro Trainingseinheit)?
3. Sind Ihre Bauchmuskeln straff?
4. Sind Ihre Rückenmuskeln in guter Form?
5. Sind Ihre Armmuskeln kräftig?
6. Fällt es Ihnen leicht, sich hinzuhocken?
7. Fällt es Ihnen leicht, drei Treppen hochzusteigen, ohne außer Atem zu geraten?
8. Wenn Sie Ihr Körpergewicht durch das Quadrat Ihrer Größe dividieren, z. B. 75 kg/1,83 cm x 1,83 cm = 22,4 (BMI - Body Mass Index), bekommen Sie dann als Ergebnis eine Zahl unter 25?
9. Gefällt es Ihnen zu laufen?
10. Gefällt es Ihnen zu gehen?

Wenn Sie auf die meisten Fragen mit Nein geantwortet haben, ist Nordic Walking bestimmt die beste und effektivste Bewegungsart für Sie. Falls Sie alle oder die meisten Fragen mit Ja beantwortet haben, ist Nordic Walking trotzdem für Sie die beste und effektivste Bewegungsart.

Ist Nordic Walking für Sie geeignet? Antworten:

In der vorigen Tabelle haben Sie auf 10 Fragen geantwortet. Hier sind die Antworten.

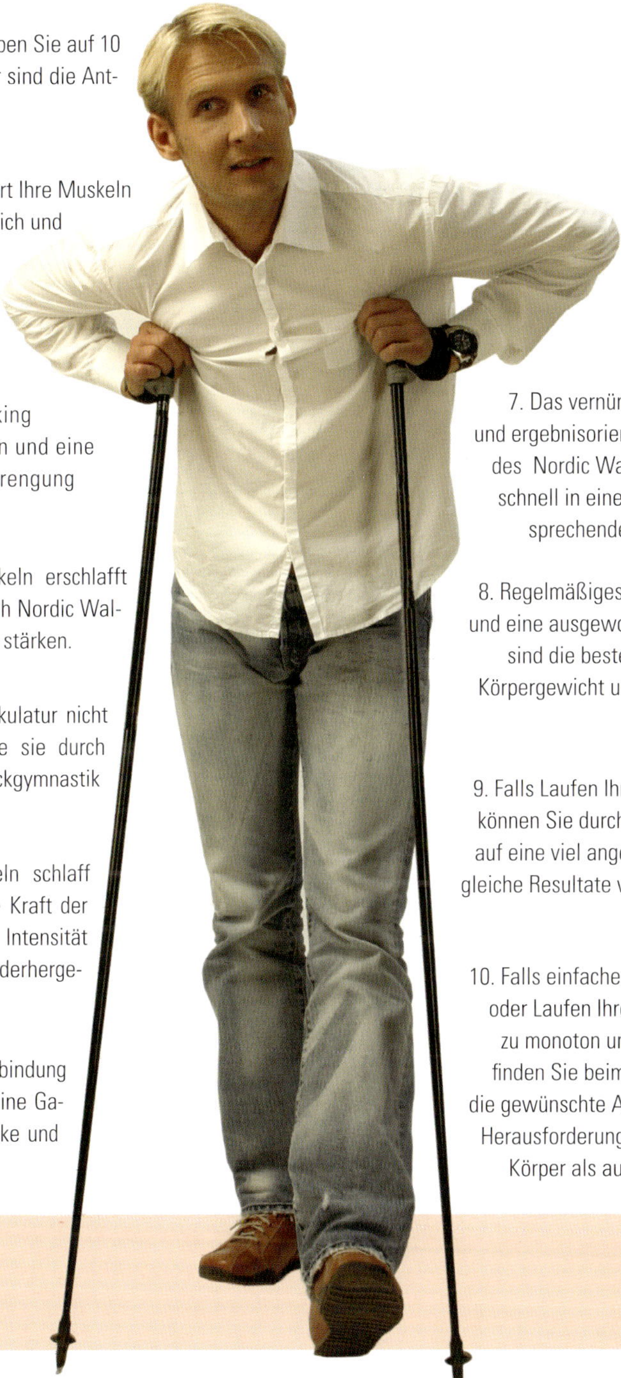

1. Nordic Walking trainiert Ihre Muskeln im Nacken-Schulter-Bereich und beseitigt Spannungen.

2. Nordic Walking motiviert überall eine Menge Leute, Sport zu treiben. Nordic Walking muss also Spaß machen und eine mäßige physische Anstrengung erfordern.

3. Falls Ihre Bauchmuskeln erschlafft sind, können Sie sie durch Nordic Walking und Stockgymnastik stärken.

4. Falls Ihre Rückenmuskulatur nicht in Form ist, können Sie sie durch Nordic Walking und Stockgymnastik aufbauen.

5. Falls Ihre Armmuskeln schlaff geworden sind, wird die Kraft der Armmuskeln durch die Intensität der Stockschübe wiederhergestellt.

6. Nordic Walking in Verbindung mit Stockgymnastik ist eine Garantie für flexible Gelenke und starke Muskeln.

7. Das vernünftige, motivierte und ergebnisorientierte Betreiben des Nordic Walkings bringt Sie schnell in eine Ihrem Alter entsprechende gute Kondition.

8. Regelmäßiges Nordic Walking und eine ausgewogene Ernährung sind die besten Mittel, um Ihr Körpergewicht unter Kontrolle zu halten.

9. Falls Laufen Ihnen nicht gefällt, können Sie durch Nordic Walking auf eine viel angenehmere Weise gleiche Resultate wie beim Joggen erzielen.

10. Falls einfaches Gehen, Joggen oder Laufen Ihrer Meinung nach zu monoton und langweilig ist, finden Sie beim Nordic Walking die gewünschte Abwechslung und Herausforderung, sowohl für den Körper als auch für den Geist.

Nordic Walking-Stöcke – eine Einladung zur natürlichen Bewegung

AUS WELCHEM GRUND HABE ICH DIESES BUCH GESCHRIEBEN?

Die Anregung zum Schreiben dieses Buches habe ich durch das tolle Gefühl beim Nordic Walking bekommen. Die Konzeption dazu habe ich zum ersten Mal im Frühjahr des Jahres 1997 in Finnland niedergeschrieben. Es ist wirklich eine Freude gewesen, zu beobachten, wie diese Botschaft bei verschiedenen Völkern und Kulturen angekommen ist. Der Grund, warum Nordic Walking so gut angenommen worden ist, liegt darin, dass es sich eben für viele, nicht sehr bewegliche Leute, gut eignet. Diese Leute haben früher verschiedene Bewegungsarten ausprobiert, aber nur Nordic Walking stellte sich als die richtige Gesundheitssportart heraus, die sie zum regelmäßigen Sporttreiben motiviert hat.

Im Folgenden werde ich noch eine ganze Reihe von Gründen vorlegen, warum ich Nordic Walking für die beste Gesundheitssportart der Welt halte.

In der Welt, vor allem in der westlichen Welt, steht man heute vor einer großen Herausforderung. Die Bevölkerung wird immer älter und gleichzeitig verschlechtert sich die Belastbarkeit der Menschen. Die so genannten normalen Alltagsaktivitäten verlangen heute von den Menschen keine besondere körperliche Anstrengung mehr. Dieser Mangel an natürlicher körperlicher Bewegung spiegelt sich in den ständig schwächer werdenden Ausdauerfähigkeiten und im Muskelschwund wider. Der Mensch ist von Natur aus bequem und versucht, alles mit möglichst geringen Anstrengungen zu machen. Einerseits ist dies verständlich, denn unsere Vorfahren haben sich mit schwerer körperlicher Arbeit vorzeitig zu Tode geschuftet. Heutzutage bewegen wir uns in die entgegengesetzte Richtung: Wir leben vielleicht länger, aber können wir dieses Leben wirklich genießen, wenn wir ständig krank sind? Oder andersherum: Wir sind nicht fähig, uns über unser langes Leben zu freuen. Der

Mensch ist zur Bewegung geschaffen und muss seine Muskeln, sein Herz und seine Lungen belasten. Ohne angemessene und regelmäßige körperliche Belastung verkümmern diese Organe. Es ist wahr, dass Denken und geistige Werte von großer Bedeutung sind. Um das Denken und die geistigen Werte optimal einzusetzen, müssen wir allerdings auf unseren Körper, unseren Tempel der Seele, achten. Er muss in guter Verfassung gehalten werden. Wenn Sie auf Ihre innere Stimme hören und ganz ehrlich sind, verlangt der Körper von Ihnen Bewegung. Sie können sich sicherlich daran erinnern, wie gut das Essen schmeckt, wenn man sich an der frischen Luft bewegt hat.

Nach einem gemütlichen und munteren Spaziergang funktioniert auch das Gehirn besser. Alle diese Zeichen drücken den Wunsch Ihres Körpers nach Bewegung aus. Hören Sie auf diesen Wunsch! Wie könnte es denn möglich sein, gleichzeitig sowohl die geistige Fitness, die Widerstandsfähigkeit als auch die Muskeln zu kräftigen? Das alles bekommen Sie durch Nordic Walking. Sie bemerken nicht einmal, dass Nordic Walking anstrengender als das Gehen ohne Stöcke ist, obwohl Sie während des Nordic Walkings durchschnittlich 20 % mehr Kalorien als beim normalen Gehen ohne Stöcke verbrauchen! Außerdem müssen Sie keine komplizierten Bewegungsformen lernen. Sie folgen nur dem Wunsch Ihres Körpers und gehen. Ich wiederhole mich ganz bestimmt, indem ich wieder feststelle, wie sehr es mich begeistert hat, zu beobachten, wie die Menschen überall in der Welt Nordic Walking so leidenschaftlich und vorurteilsfrei angenommen haben. Ihnen hat das Betreiben von Nordic Walking dieselbe Antwort gegeben wie mir.

Ich selbst hatte das Vergnügen, über Nordic Walking den ersten Ratgeber der Welt: „Vom Nordic Walking zum Stockgesundheitssport 1999“ sowie das weltweit erste Buch „Nordic Walking und andere Stockgesundheitssportarten im Jahr 2001“ zu schreiben. Ziel meine neuen Buchs über Nordic Walking ist es, die Essenz, das so genannte „Salz“ des Nordic Walkings, auf eine andere Weise als in meinen früheren Büchern auszudrücken. Ich wollte das Buch so verfassen, dass der Inhalt leicht lesbar und möglichst anschaulich ist. Ich wollte die visuelle Fantasiewelt dieses Buches freier gestalten: viele stimulierende, fantasievolle Bilder und weniger Text. Ich wollte es in der gleichen einfachen und verständlichen Sprache schreiben, die ich in meinen Vorlesungen benutze. Bisher hat es auf dem Markt ein solches klares Standardwerk für Nordic Walker nicht gegeben. Meiner Meinung nach muss die Nordic Walking-Begeisterung unmittelbar übertragen und in die Nordic Walking-Praxis umgesetzt werden. Nordic Walking ist so erstaunlich einfach, jedoch mit der Zeit auch ebenso kompliziert, dass man dieser Sportart nicht überdrüssig wird, man kann sie das ganze Leben lang genießen. Beim Betreiben des Nordic Walkings spürt man schon nach den ersten Metern die Effektivität dieser Sportart! Diese Erfahrung lohnt sich. Ich wünsche Ihnen angenehme Lese- und vor allem genussvolle Nordic Walking-Erlebnisse!

marko kantaneva

Beschreibung des Buchinhalts

Das Buch beginnt mit der Entstehungsgeschichte des Nordic Walkings. Ein kurzer geschichtlicher Überblick hilft Ihnen, die Ausgangspunkte und die Philosophie des Nordic Walkings besser zu verstehen. Nach dem historischen Überblick folgt eine zusammenfassende Übersicht über die wichtigsten wissenschaftlichen Studien. Die mit Nordic Walking verbundenen Studien wurden auf meinen Wunsch von einer echten Spezialistin auf diesem Gebiet, einer Hochschuldozentin für Gesundheitssport, Raija Laukkanen, gesammelt.

Das Erlernen der Grundtechnik des Nordic Walkings erfolgt anhand einfacher Beispiele. Dieser Teil des Buchs ist auch einer der wichtigsten. Damit Sie mit Nordic Walking die besten Resultate erzielen, ist es erforderlich, dass Ihre Technik dem für Sie persönlich am besten passenden Niveau entspricht. Ich beschreibe in diesem Buch die Merkmale der Nordic Walking-Technik, mit denen Sie Ihre Gesundheit und Ihre Fitness am effektivsten verbessern können. Im Abschnitt über Stockgymnastik erhalten Sie Hinweise, wie Sie mit einfachen und leicht durchzuführenden, vielseitigen und wirkungsvollen Stockgymnastikübungen Ihre Muskeln vor dem Nordic Walking aufwärmen und wie Sie die Muskeln nach dem Nordic Walking -Training wieder entspannen können. Es ist empfehlenswert, Gymnastikübungen auch anderweitig im Alltagsleben, zum Beispiel während der Pausen bei der Arbeit am Bildschirm, als so genannte Pausengymnastik, durchzuführen.

Die Kriterien der Auswahl der Nordic Walking-Ausrüstung, und ganz besonders die Wahl der Stöcke, werden im Abschnitt „Ausrüstung beim Nordic Walking" behandelt. Neben den Kriterien der Stockauswahl wird auch kurz die Wahl des Schuhwerks und der Bekleidung angesprochen. Dieser Teil des Buches hilft Ihnen, vernünftige Entscheidungen beim Kauf in einem Sportgeschäft zu treffen. Auch zu Ernährung und Flüssigkeitsverbrauch gebe ich einige Hinweise, die dazu beitragen sollen, die gewünschten Resultate zu erzielen. Das Buch endet mit einfachen und individuell verwendbaren Tabellen zu Trainingsprogrammen, mit denen Sie selbst das Niveau Ihrer Fitness bestimmen können. Die Tabellen tragen dazu bei, Ihre Trainingseinheiten und die Ergebnisse zu kontrollieren.

Da Nordic Walking eine rhythmische und dynamische und trotz ihrer Einfachheit auch eine technische Gesundheitssportart ist, ergänzt eine DVD die Hinweise in diesem Buch. Mithilfe dieser DVD läßt sich das Verständnis der Bewegungstechnik, der Lernprozeß und die verschiedenen Übungsphasen des Nordic Walkings ergänzen und festigen.

Nordic Walking können Sie überall und jederzeit betreiben

VERBREITUNG DER SPORTART NORDIC WALKING

Nordic Walking hat in der ganzen Welt große Popularität erreicht. Gemessen an der Zahl der Nordic Walker, gehören heute Finnland, Deutschland, Norwegen, Österreich und die Schweiz zu den führenden Ländern der Nordic Walker. Auch in Frankreich, Italien, den Niederlanden, Australien, Japan und den USA erfreut sich diese Sportart immer größerer Beliebtheit. Im Großen und Ganzen waren sich die ersten Schritte des Nordic Walkings überall in der Welt sehr ähnlich. Nach dem anfänglichen Belächeln dieser Sportart und der Verschämtheit der Nordic Walker kann man jetzt an den Straßenrändern begeisterte, lächelnde Nordic Walker in jedem Alter und jeder Größe sehen. Aus eigener Erfahrung kann ich sagen, dass Nordic Walking ausnahmslos von Anfang an als eine angenehme und begeisternde, aber auch als eine sehr wirkungsvolle und sichere Sportart angesehen worden ist. Nordic Walker erleben schon die ersten Schritte und Stockschübe als eine effektive Bewegungsart für ihren Körper. Bei Gesprächen mit Ärzten, Physiotherapeuten, Gesundheitssporttrainern, Betreuern und Lehrern in verschiedenen Ländern hat noch niemand gesagt, dass er nicht versteht, warum Nordic Walking sich lohnt. Nachdem sie das Wesen dieser Sportart verstanden haben, waren sie vielmehr äußerst begeistert vom Nordic Walking. Als Gesundheits- und Fitnesssportart ist Nordic Walking heute eine der sich am schnellsten verbreitenden Sportarten der Welt. Ich bin mir sicher, dass Nordic Walking in Zukunft eine bedeutende Rolle auch bei der Pflege der Volksgesundheit überall in der Welt spielen wird.

Internationale Nordic Walking-Organisationen

Zur weltweiten Verbreitung von fachgerechten Informationen über Nordic Walking wurde im Jahr 2000 in Finnland die Dachorganisation dieser Gesundheitssportart die International Nordic Walking Association, abgekürzt INWA gegründet. Ich hatte die Ehre, ein Gründungs- und Vorstandsmitglied dieser Organisation zu sein. Die INWA hat in einer ziemlich kurzen Zeit und sehr erfolgreich Informationen über diese Sportart in der ganzen Welt verbreitet. Heute schätzt man, dass es in der ganzen Welt insgesamt circa 2,5 Millionen Nordic Walker gibt. Ende 2003 gehörten zu den INWA-Mitgliedsländern Finnland, Norwegen, Deutschland, Österreich, Frankreich, Japan, Australien, die Niederlande und die Schweiz. Voraussichtlich werden der Organisation als neue Mitglieder Italien, Estland, Island und die USA beitreten. Heute gibt es auch eine andere Nordic Walking-Organisation, die effektive Schulungsarbeit leistet: die PoleAbout International Network.

www. poleabout.de

Erläuterungen der im Buch vorkommenden Termini:

- Aerob – Energieversorgung des Organismus durch Sauerstoff
- Aktivsportler – 4 x oder öfter in der Woche Sport treibender Mensch
- Aufwärmen mit den Stöcken – mit den Stöcken durchzuführende Aufwärmübungen vor dem Beginn der Trainingseinheit
- Fitness – Zustand der Atmungs- und Kreislauforgane
- Fitnesssportler – 2-3 x wöchentlich Sport treibender Mensch
- Gesundheitssportler – 0-1 x wöchentlich Sport treibender Mensch
- Maximal – die größtmögliche physische Leistung einer Person
- Kraftfähigkeit - in diesem Buch versteht man unter Kraftfähigkeit Muskelkraft und Elastizität der Muskeln
- Puls – Herzschläge
- Stockgymnastik – mit den Stöcken durchzuführende Stretchübungen vor und nach dem Nordic Walking
- Workout mit den Stöcken – Stretch- und Stockgymnastikübungen mit den Stöcken

Ein langer Schritt – ein langer Schub

ENTSTEHUNGSGESCHICHTE DES NORDIC WALKINGS

Ganz am Anfang haben Nordic Walking hauptsächlich nur Langläufer betrieben, denn das Gehen mit Stöcken wird mit einer dem Langlaufen sehr ähnlichen Technik ausgeführt. Die Langläufer haben Nordic Walking als ihre sommerliche Trainingsform auf langen Touren durch Wälder und Moore, über Berghänge und Tundrapfade schon mindestens seit den 30er Jahren betrieben. Schon vor diesem Zeitpunkt wurden Nordic Walking-Übungen ausgeführt. Bekanntlich haben die Langläufer anstatt Nordic Walking öfter und lieber die Bezeichnung Langlauf-Walking benutzt, die auch besser der Gehtechnik der Langläufer entspricht. Die Technik der Langläufer ist schneller und aggressiver als die der Fitnesssportler, die Nordic Walking betreiben. Langlauf-Walking ist vielmehr munterem Marschieren mit den Stöcken ähnlich. Lange Zeit wurde das Walking mit den Stöcken aus verschiedenen Gründen und mit sehr vielfältigen Techniken betrieben. Sogar in der Bibel werden kluge Männer erwähnt, die Stöcke benutzten, um in der Wüste besser voranzukommen. Heilanstalten in verschiedenen Teilen der Welt verwendeten bestimmte Arten von Walking mit Stöcken als Therapiebestandteil. Auch viele Freizeitzentren boten es als eine exotische Bewegungsform zusätzlich zu den üblichen Möglichkeiten des Gesundheitssports an.

Nordic Walking als eine Fitnesssportart ist in seiner jetzigen Form im Frühjahr 1997 in Finnland entstanden. Diese Bewegungsart verbreitete sich danach weiter in verschiedene Teile der Welt. In den Jahren 1994-1997 habe ich während meines Studiums sowie während meiner gleichzeitigen Tätigkeit beim Finnischen Sportinstitut in Vierumäki selbst eine ganze Reihe von Nordic Walking-Übungen ausgearbeitet, die in verschiedenen Kursgruppen verwendet wurden. Ich habe Nordic Walking in meiner Diplomarbeit behandelt (1996-1997), obwohl es als Sportart damals noch überhaupt nicht existierte! Dies wusste auch der von mir hochgeschätzte Lehrer Risto Virtanen, mit dem sich der

Geschäftsführer von „Suomen Latu" (Zentralverband für Freiluftaktivität und sportliche Erholung in Finnland), Tuomo Jantunen, in Verbindung setzte. Tuomo Jantunen bat Risto Virtanen um Textmaterial für einen Artikel über die so genannte „verrückte Sportart" sowie um ein paar Fotos über das Gehen mit Stöcken. Risto Virtanen antwortete, dass er selbst im Moment sehr beschäftigt sei, aber er wüsste einen guten Kollegen, der ihm bestimmt helfen könnte. Nachdem ich die Kontaktangaben von Risto Virtanen erhalten hatte, setzte ich mich mit Tuomo Jantunen in Verbindung und stellte mich vor. Ich erkundigte mich nach den inhaltlichen Anforderungen des Artikels. „Sechs Seiten", meinte Tuomo und meine Akkordarbeit im Artikelschreiben begann. Als Vergütung haben wir 1000 damalige Finnmark vereinbart und die Summe sollte als Stipendium für meine Studien ausgezahlt werden. Der Text wurde bald fertig, weil ich mich über das Thema schon ausführlich informiert und mich damit in den Kursen für Sportberater im Finnischen Sportinstitut sowie bei der Vorbereitung für meine Diplomarbeit über das Betreiben des Gesundheitssports beschäftigt hatte.

Nach dem Abschicken des Artikels bekam ich sehr bald eine Rückfrage von Tuomo. „Danke für den Text, wäre es möglich, in Vierumäki auch noch ein Fotoshooting zu organisieren? Ich werde über Exel die Stöcke besorgen, besorge du die Modelle." Wir vereinbarten das Datum für das Fotoshooting und es wurde dann auch in der Nähe des Finnischen Sportinstituts im naturschönen Ort Vierumäki durchgeführt. Die Fotos wurden nach den Richtlinien meines Artikels, der in der Mitgliedzeitschrift von „Suomen Latu" veröffentlicht wurde, erstellt. Nach der Fotosession gingen wir Kaffee trinken, wobei wir auch den damaligen Leiter der Produktionsabteilung der Oyj Exel-Stöcke, Taisto Manninen, trafen. Zusammen mit Taisto kamen wir auf die Idee, das erste Modell der Stöcke für Nordic Walking zu entwerfen. Genauer gesagt, wollten wir die Form des Stocktellers exakt festlegen. Ich hielt die Form der Stockspitze für die wichtigste Besonderheit des Nordic Walking-Stocks. Ich hatte viele negative Erinnerungen an die langen Touren aus meinen Langlaufjahren, als die schnellen Bewegungen durch Baumzweige und Baumrindenstücke, die an der Spitze des Stocks haften blieben, verhindert wurden. Das sollte bei dem neuen Produkt vermieden werden. Die Stockspitze sollte stumpf, jedoch genügend spitz sein, um auch in sandigem Gelände Halt zu geben. Damals hielt ich es für selbstverständlich, dass Nordic Walking nur auf Waldpfaden betrieben wird. Und wie habe ich mich da geirrt! Neben der Spitze wollte ich auch die Größe des Stocktellers verkleinern, denn der für Winterverhältnisse entworfene, große Teller blieb oft in Sträuchern und im Gras stecken. Ich wollte sicher sein, dass die Nordic Walker beim Gehen auf schmalen Waldpfaden nicht hängen blieben. Mit den hier geschilderten Bemerkungen beendeten wir unsere erste „Produktentwicklungsberatung" in Sachen Nordic Walking. Taisto Manninen hat mir, bevor er Vierumäki verließ, eine ganze Menge Stöcke gegeben, damit ich sie testen und drei Standardlängen für die Nordic Walking-Stöcke festlegen konnte. Damals lebten wir in einer Zeit, in der die Sportart Nordic Walking überhaupt noch nicht existierte. Wir bezweifelten ernsthaft, ob die Sportartikelhändler bereit wären, in ihren Geschäften ein ganz neues Produkt und in so einer großen Auswahl zum Kauf anzubieten.

Nur wenige Tage nach unserem Treffen setzte sich Taisto mit mir wieder in Verbindung und sagte, dass die Entwürfe für den Stockteller fertig seien. Wir vereinbarten ein neues Treffen und schauten uns während der Kaffeepause in der Mensa von Kaskela im Finnischen Sportinstitut die Entwürfe an. Im Großen und Ganzen waren wir zufrieden: Die Zeichnungen entsprachen ziemlich genau den Entwürfen, auf die wir uns einige Tage vorher geeinigt hatten. Ich konnte Taisto davon überzeugen, dass die Investitionen sich lohnen würden und dass das Produkt gut sei. Zum Abschied schüttelten wir uns noch die Hände und Taisto erinnerte mich noch daran, dass ich herausfinden sollte, welche Stocklängen ideal wären.

Es waren einige Wochen nach unserem zweiten Treffen vergangen, als mein Handy beim Morgenkaffee klingelte. Auf dem Handybildschirm wurde der Text TAISTO EXEL angezeigt. Am Telefon hörte ich: „Hallo, hier ist Taisto von Exel, ich habe dein Schreiben für das Werbeblatt erhalten, vielen Dank dafür. Sind die Tabellen für die Standardlängen der Stöcke schon fertig? Wir brauchen sie, um mit der Vermarktung der neuen Sportart zu beginnen.“ Ich hatte die ganze Sache vergessen und antwortete: „Momentan bin ich leider beschäftigt, kann ich dich zurückrufen?“ Wir vereinbarten, dass ich gleich zurückrufen würde und danach bin ich sofort in den Lagerraum auf dem Hof meines Hauses gelaufen. Aus dem Lagerraum nahm ich die von Taisto zurückgelassenen Stöcke unter den Arm. Ich schaute mich um und bemerkte im Hof unseren Nachbarn Pekka Nakarinen, der seinen Kindern beim Spielen zusah. Ich fragte Pekka, ob er einen Augenblick Zeit hätte. Das hatte er und so begannen zwei Männer von 190 cm mit dem Testen der Nordic Walking-Stöcke. Im Wechsel gingen wir mit den Stöcken und versuchten danach einzuschätzen, welches Gefühl wir beim Nordic Walking mit den jeweiligen Stöcken hatten. Ich übernahm die Aufgaben eines Sekretärs und schrieb die Resultate auf. Einen klaren Anhaltspunkt für die Festlegung der Stocklänge hatte ich schon: Der Stock sollte kürzer sein als der Stock, den die Langläufer bei ihrer Nachahmung vom Langlauf oder vom alpinen Skilauf benutzen. Dieser theoretische Ansatz bezüglich der Stocklänge war in den von mir durchgeführten Nordic Walking-Unterrichtseinheiten schon bestätigt worden. Nach dem Testen der Stöcke im Hof des Hauses ging ich ins Haus und setzte mich vor den Computer. Ich verfasste eine Größentabelle für Nordic Walker von einer Größe von 1,50-2 m. Ich hatte drei Stocklängen zur Verfügung und beschloss, als Standardlängen 120 cm, 125 cm und 130 cm zu verwenden.

Die Größentabelle für Nordic Walking als Resultat unserer Testarbeit wird heute noch angewandt. Damals konnte ich mir gar nicht vorstellen, was für eine wichtige Arbeit wir an diesem Frühsommervormittag leisteten. Später war es manchmal ganz lustig, über die richtige Länge des Nordic Walking-Stocks zu diskutieren. Ich habe dieses Thema manchmal sogar absichtlich angesprochen, wenn jemand seine absoluten Visionen über die richtige Stocklänge vorbrachte und dabei auf unsere Größentabelle hinwies. Ich habe diese Leute nach der Begründung ihrer Behauptungen gefragt und es ist erstaunlich, wie wissenschaftlich die Leute ihre Behauptungen darlegten. Die Erarbeitung der Größentabelle hat mich davon überzeugt, dass das Entwickeln von etwas, was funktioniert und vernünftig ist, in unserer Welt gar nicht so kompliziert ist, wenn man eine bestimmte Vision davon hat, was eigentlich erzielt werden soll.

Im Spätsommer 1997 war das von Exel hergestellte neue Produkt - der Nordic Walking-Stock - fertig. Von Taisto bekam ich als Erster diese Stöcke als ordentliches „Arbeitsmaterial" zur Verfügung gestellt. Mein Artikel für die Zeitschrift von „Suomen Latu" wurde auch im ersten Prospekt über Nordic Walking als Hauptmaterial verwendet.

„Suomen Latu" (Zentralverband für Freiluftaktivität und sportliche Erholung in Finnland) veranstaltete Themenabende, um die Sportart Nordic Walking in Finnland zu verbreiten. Ich war für ähnliche Aufgaben als Vertreter des Finnischen Sportinstituts zuständig. Im Herbst 1997 unterrichtete oder, besser gesagt, informierte ich die allerersten Nordic Walking-Betreuer von „Suomen Latu" über die Eigenschaften dieser Sportart. Der erste Winter ließ schon erahnen, dass das Nordic Walking eine durch das ganze Jahr zu betreibende Gesundheitssportart geworden war. Während des gesamten Winters 1997-1998 bildeten wir im Finnischen Sportinstitut zusammen mit einigen anderen Lehrkräften praktisch jeden Tag Nordic Walking-Gruppen aus. Damals bemerkten wir, dass der Wunsch vorhanden war, Nordic Walking das ganze Jahr hindurch und im wahrsten Sinne des Wortes direkt von der eigenen Türschwelle aus zu betreiben.

Der nächste Schritt der Produktentwicklung von Exel Oyj war die Herstellung der so genannten Asphaltpads. Durch den Einsatz der Gummipads an den Stocktellern wurde es möglich, Nordic Walking auch in Städten auf Asphaltstraßen zu betreiben. Nordic Walking kann man an jedem beliebigen Ort der Welt und zu jeder beliebigen Zeit

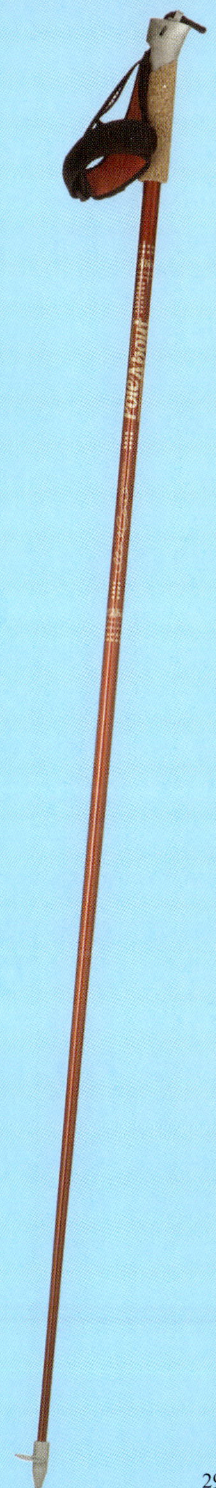

Artikel in der Zeitschrift von „Soumen Latu"

Broschüre „Vom Nordic Walking zum Stockgesundheitssport"

trainieren, denn es ist weder vom Wetter, von den Jahreszeiten noch von den sonstigen Umständen abhängig. Exel Oyj entwickelte seine Pläne weiter und richtete dann den Blick auf den europäischen Markt, zuerst im Jahr 2000 auf Deutschland. Ich habe im Sommer 1998 in der finnischen Zeitschrift „Seura" in meiner eigener Rubrik meinen ersten Artikel über Nordic Walking geschrieben.

Das Jahr 1998 kann in der Geschichte des finnischen Nordic Walkings als ein „verrücktes Jahr" bezeichnet werden. Die Zahl der Leute, die in Finnland Nordic Walking betrieben, stieg explosiv von null auf über hunderttausend Nordic Walker an, wobei man nur die Finninnen und Finnen berücksichtigte, die mindestens 1 x in der Woche Nordic Walking trainierten. Das Jahr 1998 war für mich persönlich aufschlussreich und umfasste viele Erfahrungen sowohl in Bezug auf Nordic Walking als auch in Bezug auf die Unterrichtstätigkeit in Zusammenhang mit Nordic Walking. Ich arbeitete damals tage- und nächtelang über mehrere Wochen, indem ich mich sowohl im Finnischen Sportinstitut als auch anderswo mit Nordic Walking beschäftigte. Fast jeden Tag erfand und entwickelte ich neue Methoden und Wege, wie man den Leuten Nordic Walking schneller beibringt und sie leichter in die Geheimnisse des Nordic Walkings einweiht. Die Popularität dieser Sportart verbreitete sich sehr schnell überall in Finnland und war ein ständiges Diskussionsthema auch in den finnischen Medien. Die Schulungsveranstaltungen wurden nach dem Prinzip „Unterrichtsmaterial aus dem Nichts zaubern" organisiert und die Abfassung des Ratgebers „Vom Nordic Walking zum Stockgesundheitssport" war für mich eine erfrischende Aufgabe, denn ich konnte alles nach meinen eigenen Plänen gestalten. Das war auch die Zeit, in der die Grundlage für die Entwicklung des Nordic Walkings als Gesundheitssportart gelegt wurde. Der kleine Ratgeber „Vom Nordic Walking zum Stockgesundheitssport", den ich auf eigene Kosten verlegte, wurde im Frühjahr 1999 fertig gestellt. Er wurde neben allen anderen Arbeiten mit großer Begeisterung verkauft und vermarktet. Auf Grund dieses Ratgebers wurde auch der Videofilm „Suomen Latu Nordic Walking"

(Videofilm des Zentralverbands für Freiluftaktivität und sportliche Erholung in Finnland, Nordic Walking 2) hergestellt. Die Beschäftigung mit Nordic Walking fing allmählich an, sich zu lohnen und eröffnete mir die Möglichkeit, Kontakt mit dem Verlag Gummerus aufzunehmen. Fast gleichzeitig, bei unserem ersten Treffen in den Räumlichkeiten des Gummerus Oy, habe ich mich mit Risto Väisänen auf die Herausgabe eines richtigen Buches, das die Stockgymnastik und das Nordic Walking behandeln sollte, geeinigt. Unsere guten Kontakte mit Exel Oyj wurden dank mehrerer gemeinsamer Projekte über Nordic Walking und Nordic Inlineskating weiter verstärkt. Im Spätherbst 1999 habe ich für Exel und das K2 Skate College ein Schulungspaket über Nordic Inlineskating verfasst. Dank des Anstiegs der Popularität des Nordic Walkings schien alles möglich zu sein. Niemand wunderte sich mehr über die Nordic Walking-Begeisterten. Vielmehr hörte man Diskussionen wie: „Ob auch Schwimmen mit Stöcken möglich wäre?“

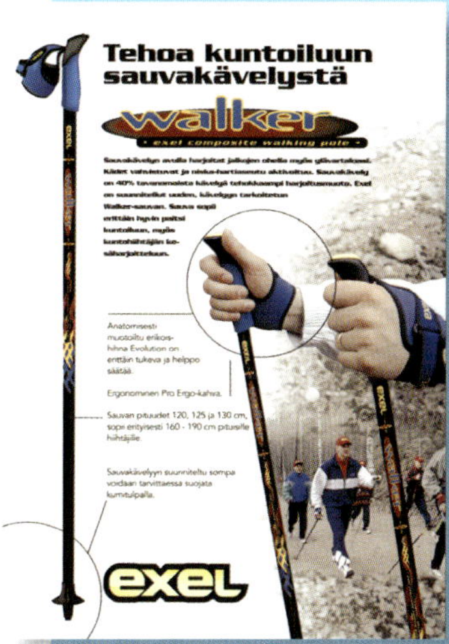

Erste Anzeige von EXEL

Im Frühjahr 2000 wurde auch die INWA gegründet und der Marketingmanager der Exel Oyj, Aki Karihtala, bat mich, als Gründungsmitglied, Vorstandsmitglied und Ausbilder mitzuwirken. Später im Herbst habe ich mit Exel Oyj auch ein offizielles Arbeitsverhältnis abgeschlossen. So fingen mein Lernprozess und meine praktische Arbeit als Produktleiter der Produktgruppe Stöcke bei Exel Oyj an. Später wurde ich zum Modellabteilungsleiter ernannt. Dies war für mich eine ausgezeichnete Position, denn nun konnte ich die Entwicklung des Nordic Walkings als Gesundheitssportart in jeder Hinsicht beeinflussen. Milde ausgedrückt war ich voller Begeisterung. Zu dieser Zeit war Nordic Walking in Finnland schon so verbreitet, dass es im Jahr 2000 fast von einer halben Million Menschen betrieben wurde! In dieser Situation war es eine wahre Freude, im Frühjahr 2001 ein ordentliches Handbuch über Nordic Walking herauszugeben, das in seiner Art auch das Erste in der Welt war. Zudem konnte ich gleichzeitig Spitzenprodukte für Nordic Walker entwickeln.

Erstes Nordic Walking-Buch

In den Jahren 2001 und 2002 arbeitete ich mich die meiste Zeit in meinen Aufgabenbereich bei Exel Oyj ein und unterrichtete im Rahmen verschiedener Ausbildungskurse Nordic Walking sowohl in Finnland als auch im Ausland. Die Tätigkeit von INWA entwickelte sich ständig weiter und im August 2002 trafen sich in Finnland fast 30 Hauptausbilder der INWA aus verschiedenen Teilen der Welt. Die Arbeitsresultate waren bereits sogar auf internationaler Ebene bedeutend. Viele Sportartikelhersteller nahmen die Nordic Walking-Stöcke mit Begeisterung in ihr Produktsortiment auf. Auch die Hersteller von Sportbekleidung und -schuhen waren an der Produktgruppe interessiert und beteiligten sich eifrig an den Vermarktungsmaßnahmen. Aus Nordic Walking war ein bedeutender Industriezweig geworden. Das lockte beim „Meister" schon ein Schmunzeln hervor.

Das Jahr 2003 stellte für das Nordic Walking eine Periode des Popularitätsanstiegs auf den internationalen Märkten dar. Die Zahl der Master-Trainer von INWA stieg im Frühling 2002 um das Zweifache und umfasste schon fast 60 Ausbilder. 2003 verbrachte ich die meiste Zeit mit der Vermittlung meines Know-hows an die Nordic Walking-Begeisterten. An den Ausbildungskursen nahmen Leute aus Deutschland, Österreich, Italien, Norwegen, Luxemburg, Estland, den USA, Island, den Niederlanden, Großbritannien, Dänemark, Slowenien und Kroatien teil. In diesen Fällen kam aber der Prophet zum Berg, sodass ich schon fast zu viel unterwegs sein musste.

Jedes Ausbildungstreffen mit den auf Spitzenniveau trainierten, professionellen Sportbetreuern stellte für mich eine große Herausforderung dar. Gleichzeitig konnte ich aber auch sehr wertvolle und aufschlussreiche Erfahrungen sammeln. Dank der Diskussionen in den Schulungsveranstaltungen sowie dank des Umgangs mit den Vertretern verschiedener Kulturen konnte ich viele Aspekte der Sportart aus neuen Blickwinkeln betrachten. Zugleich muss aber auch festgestellt werden, dass sich die Grundlagen des Nordic Walkings im Vergleich zum Frühjahr 1997 gar nicht geändert hatten. Der Unterschied war nur, dass ein Nordic Walker sich damals in Finnland schämen musste und, die Stöcke an die Seiten gedrückt, vor den verächtlichen Worten der Spötter in den Schatten des Waldes flüchtete. Heute, im Jahr 2004, gibt es in Finnland nach den Angaben von Fragebogenbefragungen schon 560. 000 Nordic Walker. Finnland zählt 5,2 Millionen Einwohner. Das heißt, dass 11 % der Bevölkerung regelmäßig mindestens 1 x in der Woche Nordic Walking betreiben! Nach Angaben von INWA schätzt man, dass es heute in der Welt insgesamt ungefähr 2,5 Millionen Nordic Walker gibt. In den Anfangszeiten wurde Nordic Walking in Finnland Demenzgang genannt, weil man dachte, dass der Langläufer seine Skier zu Hause vergessen hätte. Nordic Walking wurde für eine Betätigung von Leuten gehalten, die nicht ganz richtig im Kopf waren. Jetzt hat diese „verrückte" Bewegungsart ganz Finnland erobert, sich auch überall in der Welt verbreitet und ist die Lieblingsbetätigung verschiedener Zielgruppen geworden. An nationalen Maßstäben gemessen, steckt Nordic Walking noch in den Kinderschuhen, jedoch ist seine Basis so stark, dass Nordic Walking sich ohne weiteres weiterentwickeln wird.

Gallup-Untersuchungen über die Zahl der Nordic Walker in Finnland in 1997-2004

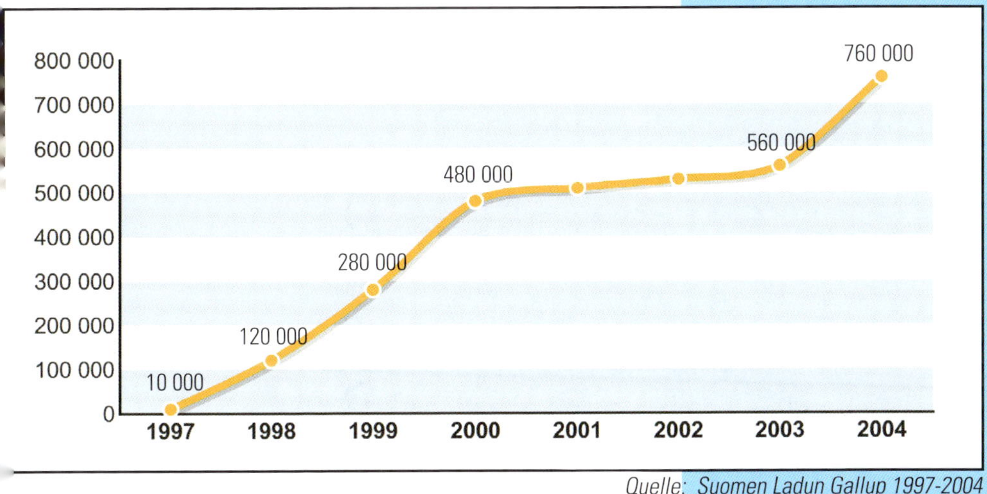

Quelle: Suomen Ladun Gallup 1997-2004

Leicht ist der Schritt, so schön ist die Natur

GEHEN

Bevor man sich auf das Nordic Walking konzentriert, sollte man auch kurz dem normalen Gehen Aufmerksamkeit schenken und beobachten, was dabei eigentlich genau passiert. Wir haben schon mit der Geburt die Fähigkeit des Gehens erhalten, wir kommen sogar schlafend damit zurecht. Das normale Gehen bildet auch die Grundlage des Nordic Walkings. Im Alltagsleben vergessen wir oft in aller Eile die natürlichen Haltungen und Bewegungsabläufe, die unserem Körper eine schöne Form und gute Haltung garantieren. Wenn wir in der optimalen Körperhaltung stehen, indem wir die Hüften nicht nach oben heben und den Rücken gerade halten, hören wir auf unsere innere Urstimme. Warum kämpfen wir aber oft gegen unsere innere Stimme? Auf der Straße habe ich manchmal Leute beobachtet und bemerkt, dass sie es nicht für selbstverständlich halten, beim Gehen natürliche Bewegungsabläufe einzuhalten, wie zum Beispiel das Rollen der Fußsohle von der Ferse in Richtung des Ballens und die Drehbewegung der Hüfte. Oder haben die Leute das als etwas Überflüssiges einfach vergessen? Statt des flotten Gangs geben sich die meisten Leute nur mit dem Wiegen auf den Fußsohlen, die Knie gebeugt, zufrieden. Die Schultern befinden sich dabei in einer schiefen Position und die Hüfte ist nach vorne geschoben. Die ganze Arbeit bei der Vorwärtsbewegung leisten die vorderen Schenkelmuskeln und Hüftbeugemuskeln. Zudem wird diese unnatürliche Bewegungskette noch von der unbeweglichen und steifen Hüfte begleitet. Wie leicht wäre es aber, eine gute und aufrechte Körperhaltung zu haben und frisch auszusehen! Man sollte nur auf die die innere Stimme hören. Der oben beschriebene Gehstil ist zwar ein bisschen übertrieben dargestellt, jedoch größtenteils die reine Wahrheit in unserem Alltag. Die gute Körperhaltung der Menschen geht langsam verloren, weil darauf nicht geachtet wird. Deshalb sollte man, bevor man mit Nordic Walking

„Wir würden nur auf die innere Stimme unseres Körpers und unserer Seele hören. Wir würden auf diesen Gesang antworten und so würde ein wiedergeborenes Menschenkind sich schön und leicht bewegen."

beginnt, den richtigen, mit dem Gehen verbundenen, Bewegungsabläufen Aufmerksamkeit schenken sowie sich seiner natürlichen Instinkte wieder bewusst werden. Also entspannen Sie sich für einen Augenblick, konzentrieren Sie sich und strecken Sie sich. Spüren Sie die Bewegungen und Rhythmen Ihres Körpers. Lassen Sie Ihren Körper Sie schön und elegant voranbringen. Beobachten Sie das Bewegungsspiel der Kinder, ihren Gang und Lauf. Lernen Sie daraus und aus dieser Natürlichkeit.

Gehtechnik

Der richtige Gehschritt beginnt damit, dass die Ferse den Boden berührt und er endet mit dem Abstoß der Zehen oder des Ballens. Die Hüfte macht eine Aufwärtsbewegung und der Körper nimmt eine aufrechte Haltung ein und ist etwas nach vorne gebeugt. Die Drehung des Unter- und Oberkörpers erfolgt in entgegengesetzte Richtungen und so arbeiten die Muskelgruppen im Taillenbereich aktiv. Die gegenüberliegenden Arme und Beine bewegen sich abwechselnd nach vorne und hinten. Verschiedene Forscher haben die Gehphasen mit unterschiedlichen Termini beschrieben. Im vorliegenden Buch benutze ich in Bezug auf die Gehphasen ausschließlich die folgenden Begriffe: Fersendruck, Mittelphase, Zehenabstoß.

Gehen als eine gesunde Bewegungsform

Das Gehen ist eine für alle geeignete und sichere Ausdauersportart. Es ist eine Gesundheitssportart, die sehr leicht zugänglich ist und unsere Ausdauer verbessert. Gehen ist überall und jederzeit möglich. Während des Gehens arbeiten die großen Muskelgruppen der unteren und oberen Extremitäten, des Hüftbereichs, des Taillenbereichs und der oberen Extremitäten ununterbrochen, d. h. also, ohne Pausen.

Zum Beispiel benutzt ein 75 kg schwerer Mann für die aktiven Bewegungen beim Gehen etwa 12-15 kg an

Muskelmasse. Beim Gehen finden aktive Bewegungen statt, die die Fitness verbessern. Das Gehen birgt für den Stütz- und Bewegungsapparat keinerlei Gefahren, denn der Schwerpunkt liegt in der Mitte des Körpers. Die Verlagerung des Schwerpunkts in die Körpermitte vermindert den Druck auf die Füße, Fußknöchel, Knie und den Unterteil des Rückens. Die Belastung der unteren Extremitäten entspricht bei jedem Schritt etwa dem Körpergewicht des Walkers. Wenn man Gehen mit Joggen oder Laufen vergleicht, so ist bei diesen Sportarten die Belastung der Beine 3 x größer.

Forschungen belegen, dass regelmäßiges Gehen als Gesundheitssport außer der Ausdauer auch noch das Blutfettprofil sowie die Konsistenz des Körpers verbessert. Das Gehen übt zudem einen positiven Einfluss auf den Blutdruck im Ruhezustand aus, auf die Festigkeit der Knochen sowie auf die Stimmung des Nordic Walkers. Das Walking-Training verbessert die gesamte Fitness. Der Energieverbrauch beim Gehen hängt vom Gehtempo und vom Körpergewicht des Walkers ab. Sogar der Gang mit normalem Tempo steigert den Grundstoffwechsel um das Dreifache im Vergleich zum Ruhezustand. Beträgt das Tempo aber über 7 km pro Stunde, ist der Energieverbrauch der Gleiche wie beim Joggen. Ein 80 kg schwerer Mensch verbraucht bei schnellem Gehen 60 % mehr Energie als ein 50 kg schwerer Mensch. Der Energieverbrauch einer normalgewichtigen Frau ist also wesentlich kleiner als der eines normalgewichtigen Mannes beim Zurücklegen der gleichen Strecke mit gleichem Tempo. Wenn das Gelände weich oder sehr hügelig ist, zum Beispiel ein Moor oder eine weiche Sägemehlbahn, steigt der Energieverbrauch beim Gehen an. Hügeliges Gelände

fordert mehr Energie als ein weicher Untergrund. Energischer Armeinsatz oder die Verwendung von Stöcken, zusätzlichen Gewichten an den Armen oder Beinen erhöht gleichermaßen den Energieverbrauch. Die Benutzung der zusätzlichen Gewichte kann aber andererseits das Tempo verlangsamen, wodurch sich die tatsächliche Wirkung des Trainings verringert.

Gehen als Gesundheitssport

Die Fähigkeit der maximalen Sauerstoffaufnahme ist das allgemeinste Merkmal einer sehr guten Kondition. Sie spiegelt die Kapazität der Atmungs- und Blutkreislauforgane (Herz, Lungen, Blutgefäße und Blut) wider, Sauerstoff zu den Organen und Muskeln zu transportieren, aber auch die Fähigkeit der Muskeln, Sauerstoff aufzunehmen und zu verbrauchen. Die maximale Sauerstoffaufnahme-

Beim korrekten Gehen:

- Der Schritt beginnt, wenn die Ferse den Boden berührt und rollt dann auf den Ballen.
- Der Gang wird mit kräftigen Armbewegungen intensiviert.
- Die Körperhaltung ist aufrecht und nach vorne geneigt.

fähigkeit des Körpers lässt nach, falls der Organismus nicht genügend trainiert wird.

Auf Grund der Forschungen weiß man ziemlich viel über den Einfluss des schnellen Gehens auf die maximale Sauerstoffaufnahmefähigkeit. Wenn man regelmäßige und genügend schnelle Gehübungen ausführt, steigert sich die Ausdauer von gesunden Erwachsenen ziemlich schnell um 10–30 % im Vergleich zum Ausgangsniveau. Diejenigen, die sich vor dem Beginn des regelmäßigen Gehens am wenigsten bewegt haben, erreichen in derselben Zeit die größte Verbesserung der Kondition. Je mehr man sich früher bewegt hat, desto größere Anstrengungen durch das Gehen sind erforderlich, um größere Veränderungen des Fitnesszustandes zu erzielen. Innerhalb von drei Monaten verbessert sich die Kondition durchschnittlich um 10 %. Die Verbesserung der Fitness impliziert, außer der Steigerung der Sauerstoffaufnahmefähigkeit (Verbesserung der aeroben Kondition), auch eine erhöhte Belastbarkeitszeit bei Standardbelastungen. Das bedeutet, dass man unterschiedlichen Belastungen ohne Ermüdung länger standhält.

Zu beobachten ist Folgendes:

- Hüftdrehungen - untere Extremitäten.
- Schulterdrehungen - obere Extremitäten.

Bleiben Sie stehen, sammeln Sie sich einen Augenblick und beschließen Sie, weiter zu gehen

FORSCHUNGSERGEBNISSE ZUM NORDIC WALKING

Obwohl ich nicht vorhabe, Sie, liebe Leserin/lieber Leser, zu einem Körperkulturspezialisten zu machen, ist es meiner Meinung nach trotzdem interessant, dass das vorliegende Buch einen Abschnitt enthält, in dem Forschungsergebnisse zum Thema Nordic Walking bewertet werden. Der vorliegende kurze Überblick beweist, dass es sich hier um eine wirklich wissenschaftlich untersuchte, effektive und in jeder Hinsicht ungefährliche Gesundheitssportart handelt. Die Studienergebnisse wurden auf meinen Wunsch von Raija Laukkanen gesammelt.

Forschungsergebnisse zum Nordic Walking

Über Nordic Walking wurden innerhalb der letzten 10 Jahre zahlreiche Untersuchungen veröffentlicht. In den meisten Forschungsvorhaben wurde die sogenannte Vergleichsmethode verwendet, wobei die Leistungsangaben des Nordic Walkings mit den Leistungsangaben des Gehens ohne Stöcke unter Laborverhältnissen und unter freiem Himmel verglichen wurden. Es liegen nur wenige Trainingsstudien über Nordic Walking vor; die ersten Studien wurden im Jahr 1992 veröffentlicht. Eine Forschungsgruppe aus Oregon hat den Einfluss eines 12-wöchigen Nordic Walking-Trainingszyklus auf die Stimmung der Walker sowie auf ihre aerobe Kondition und ihren Muskulaturzustand untersucht. An dieser Untersuchung beteiligten sich Frauen, die früher kaum Sport getrieben hatten. Als Stöcke benutzte man in den USA für das Nordic Walking entwickelte und hergestellte Exertrider®-Stöcke. Insgesamt nahmen an dem Test 86 Frauen im Alter von 20–50 Jahren teil, die eine durchschnittliche Kondition aufwiesen (maximale aerobe Intensität/Sauerstoffaufnahmefähigkeit, VO_2max, 34-37 ml/kg/min). Die Testpersonen wurden in drei Untergruppen verteilt, von denen die erste normales Gehen und die zweite Gruppe Nordic Walking

durchführte. Die dritte Gruppe diente als Kontrollgruppe, indem sie ihre gewohnte Lebensweise beibehielt. Die Trainingsgruppen betrieben 4 x wöchentlich 30–45 Minuten ununterbrochenes Gehen mit einer Intensität, die 70–85 % des Maximalpulses betrug. In beiden Trainingsgruppen nahm sowohl die Ausdauer als auch die maximale Gehtestzeit durchschnittlich um 8–19 % zu. Nur in der Nordic Walking-Gruppe verbesserte sich die maximale Ventilationsfähigkeit der Lungen. Die Ausdauerleistung der Muskeln verbesserte sich in der Nordic Walking-Gruppe um 37 % und in der Gruppe, die normales Gehen betrieb, um 14 %. Die Muskelkraft, die mit Liegestützen und variierten Klimmzugtests gemessen wurde, nahm in beiden Gruppen nicht zu. Bei Nordic Walkern konnte man eine erhebliche Stimmungsverbesserung und eine um einiges positivere Einstellung, unter anderem zum Beispiel weniger Depressions-, Hass- und Müdigkeitsgefühle im Vergleich zur normalen Gehgruppe, feststellen. Nach Ansicht der Forscher lag der Grund hierfür teilweise auch darin, dass die Nordic Walker von der neuen und etwas ungewöhnlichen Sportart besonders begeistert waren.

In den mit deutschen Testpersonen durchgeführten Untersuchungen, in denen die Testpersonen innerhalb von sechs Wochen 2 x wöchentlich Nordic Walking à 60 Minuten pro Trainingseinheit betrieben, wurde eine Verbesserung der Kondition festgestellt, wenn die Trainingsintensität 65–85 % der maximalen Pulsfrequenz betrug. Die Testpersonen waren durchschnittlich 48 Jahre alt.

Nordic Walking im Vergleich zum normalen Gehen

Eine amerikanische Forschungsgruppe hat Trainingseinheiten des Nordic Walkings analysiert und die Ergebnisse mit den Ergebnissen gewöhnlichen Gehtrainings auf dem Laufband verglichen. In der Untersuchung wurden Power Poles™-Stöcke benutzt und die Testpersonen waren junge Frauen und Männer mit guter Kondition (VO_2max 50ml/kg/min). Sie gingen auf dem Laufband mit Stöcken und ohne Stöcke mit einer Intensität, die einer Geschwindigkeit von 6-7,5 km pro Stunde entsprach. Es wurden keine Unterschiede zwischen den Ergebnissen der Männer und Frauen festgestellt. Die Studie ergab beim Nordic Walking einen bedeutend größeren Sauerstoffverbrauch sowie eine Steigerung der Pulsfrequenz und des Energieverbrauchs um 20 % im Vergleich zum Gehen mit gleicher Intensität ohne Stöcke.

Die Amerikaner haben auch den Energieverbrauch an zehn 24-jährigen Frauen mit guter Kondition bei submaximalem Gang mit Exertrider®-Stöcken untersucht. Die durchschnittliche maximale Sauerstoffaufnahmefähigkeit (21 und 18 ml/kg/min) und Pulsfrequenz (133 und 122 Schläge in der Minute) waren beim Nordic Walking wesentlich größer. Auch der gesamte Energieverbrauch während der 30-minütigen Trainingseinheit war bei den Nordic Walkern wesentlich größer als beim normalen Gehen (174 und 141 kcal). Überraschend war aber, dass die Testpersonen die Belastung des Trainings bei den beiden Bewegungsarten als gleich groß empfanden.

In einer schwedischen Untersuchung wurde der physiologische Einfluss untersucht, den das Nordic Walking und das gewöhnliche Gehen auf dem Laufband bergauf und auf ebenem Boden verursachte. An dieser Untersuchung beteiligten sich leicht übergewichtige Frauen im Alter von 45-63 Jahren, die früher kein Nordic Walking betrieben hatten. Beim Nordic Walking in ebenem Gelände nahmen ihr Sauerstoffverbrauch und ihre Lungenventilation um mehr als 15 % und beim Gang bergauf um 8 % zu.

Das Cross Walk-Trainingsgerät, in dem sowohl die Beine als auch die Arme ununterbrochen belastet werden, ist in den 90er Jahren häufig untersucht worden. Der Bewegungsablauf auf diesem Gerät ist dem des Nordic Walking ähnlich. Knox hat die Belastungen an 37 Frauen im Alter von 17-35 Jahren untersucht, die mit Armeinsatz und ohne Armeinsatz trainierten. Der Armeinsatz erhöht die Pulsfrequenz, die Lungenventilation, den Sauerstoff- und Energieverbrauch im Vergleich zum normalen Gehen wesentlich. Die Pulsfrequenz stieg zum Beispiel um 17-31 Schläge. Das Belastungsgefühl sowie der Energieverbrauch stiegen um 14 %. In einer weiteren Untersuchung wurde ein um 55% erhöhter Energieverbrauch von Frauen und Männern im Alter von 24 Jahren durch den Armeinsatz feitgestellt, wobei die Testpersonen keine entsprechend größere Belastung empfanden. Ein ähnliches Resultat wurde auch in einer dritten Untersuchungsgruppe erzielt, in der das Cross Walk-Trainingsgerät bei 24-jährigen Männern getestet wurde.

Der Einfluss des Nordic Walkings mit Exel Walker-Stöcken auf die Frequenz der Pulsschläge ist auch unter Außenbedingungen untersucht worden. Die Pulsfrequenz von 10 erwachsenen Männern und Frauen stieg bei normalem Gehen auf der Laufbahn in einer Sporthalle um 5-12 Schläge in der Minute und bei schnellem Nordic Walking um 5-17 Schläge. In den im Cooper-Institut durchgeführten Labor-Felduntersuchungen wurde der Einfluss frei gewählten Tempos auf den Energieverbrauch und die Belastung von 22 Männern und Frauen beim Nordic Walking und bei normalem Gehen getestet. Die Testpersonen gingen mit einer Geschwindigkeit von 5,5-6 Kilometer pro Stunde und ihr Energieverbrauch nahm beim Nordic Walking mit Exel-Stöcken im Vergleich zu gewöhnlichem Gehen um 20 % zu und die Pulsfrequenz stieg durchschnittlich um 10 Schläge in der Minute. Die Belastung war nach Meinung der Testpersonen jedoch nicht größer als beim normalen Gehen.

Nordic Walking – Training und Zustand des Stützapparats

Der Einfluss des Exel Nordic Walking-Trainings auf Beschwerden im Nacken-Schulter-Bereich sowie auf die Beweglichkeit des Halses und des Brustkorbs wurde in Helsinki an 55 weiblichen Büroangestellten untersucht. Alle Testpersonen hatten sich vor Beginn der Untersuchung über Beschwerden im Nacken- und Schulterbereich beklagt. Die Testpersonen betrieben 12 Wochen lang regelmäßig 3 x wöchentlich Nordic Walking. Die Länge des Trainings betrug 30-60 Minuten pro Trainingseinheit mit einer Intensität, die 65-75 % der maximalen Pulsfrequenz entsprach. Die Kontrollgruppe verpflichtete sich, ihre frühere Lebensweise während der ganzen Untersuchungsperiode beizubehalten. In der Untersuchung wurde auch mithilfe von EMG-Messungen die Aktivität der Muskeln beim Nordic Walking analysiert. Es wurde festgestellt, dass die Belastung der Streck- und Beugemuskeln des Unterarms, des hinteren Schultermuskels, des großen Brustmuskels und des breiten Rückenmuskels am größten war. Regelmäßiges Nordic Walking-Training reduzierte verschiedene Beschwerden im Nacken- und Schulterbereich sowie subjektive Schmerzgefühle in diesem Bereich. Die seitlichen Beugungen des Halsbereichs der Wirbelsäule fielen wesentlich leichter. Gleichzeitig vergrößerte sich der Drehumfang des Brustkorbs immens.

In einer analogen Untersuchung in Finnland, in der der Einfluss des Nordic Walkings auf eine Schmerzsymptomatik im Oberkörperbereich analysiert wurde, wurden gute Resultate in Bezug auf die Verminderung der Schmerzen und Spannungen im Nacken- und Schulterbereich beim Arbeiten erzielt. Während eines zehnwöchigen Trainingsprogramms wurden 30 Büroangestellte im Alter von 44-50 Jahren untersucht, die Nordic Walking 2 x wöchentlich und in Trainingseinheiten von je 60 Minuten betrieben. An der Untersuchung beteiligten sich Männer und Frauen, die keine früheren Erfahrungen im Nordic Walking hatten.

Die dritte Untersuchung wurde an Büroangestellten im Alter von 45-61 Jahren durchgeführt (24 Personen, überwiegend Frauen) und das Trainingsprogramm dauerte 12 Wochen. Die Trainingseinheiten wurden 3 x wöchentlich durchgeführt, 2 x mit Teilnahme eines Betreuers und 1 x selbständig. Als nach Ende des Programms die Fitness der untersuchten Personen getestet wurde, wurde ein wesentlicher Anstieg der Muskelkraft der unteren Extremitäten und eine Verbesserung der Körperhaltung festgestellt.

Die Untersuchung ergab jedoch keine Zunahme der Kraftreserve des ganzen Organismus während des Trainingszyklus.

Die Verwendung der Stöcke beim Nordic Walking bergab vermindert auf Grund der Ergebnisse der EMG-Messungen die Belastung der Gelenke der unteren Extremitäten, besonders der Knie, und erleichtert die Erhaltung des Körpergleichgewichts. Es wurde des Weiteren festgestellt, dass sich beim Nordic Walking, im Unterschied zum Gehen ohne Stöcke, schon nach einem kurzen Trainingszyklus (4 x Training) die Körperhaltung sowohl bei den Männern als auch bei den Frauen verbesserte.

Nordic Walking und ältere Menschen sowie Patienten in der Rehabilitation

Untersuchungsergebnisse darüber, wie belastend sich Nordic Walking bei verschiedenen Herz- und Blutkreislaufkrankheiten auf die Kreislauforgane auswirkt, liegen nur in Bezug auf Arteriosklerose vor. Es wurden 14 Männer im Alter von 62 Jahren untersucht, die zwei Zyklen von acht Minuten gingen, eine Trainingsperiode ohne Stöcke und die andere mit Power Poles-Stöcken, die etwa 0,5 kg wogen. Die Testpersonen gingen so schnell, wie es im Rahmen der von der Krankheit verursachten Symptome möglich war. Alle Testpersonen hatten eine Bypass-Operation, eine Ballondilatation oder einen Herzinfarkt hinter sich. Beim Nordic Walking wurde bei ihnen durchschnittlich ein um 21 % höherer Energieverbrauch, 14 Schläge höhere Pulsfrequenzen und ein um 16/4 mmHg höherer systolischer und diastolischer Blutdruck als beim normalen Gehen gemessen. Die Sauerstoffpulswerte (Sauerstoffverbrauch x Pulsschlag) erklärten sich aus der Änderung der Pulsfrequenz und des Sauerstoffverbrauchs und waren nicht mit einem gefährlichen Anstieg des Blutdrucks verbunden. Die Schlussfolgerungen der Forschungsgruppe bestätigten, dass Nordic Walking eine gefahrlose Bewegungsform auch bei der Rehabilitation von Herzkranken darstellt.

Nordic Walking hat man auch bei der Rehabilitation von Patienten eingesetzt, die unter Gehbeschwerden (Hinken) leiden, die von der unzureichenden Blutversorgung der unteren Extremitäten herrühren. Nach einer halbjährigen Trainingsperiode mit konstanter Belastung konnten diese Patienten wesentlich längere Perioden schmerzlos gehen sowie längere Distanzen zurücklegen. Entsprechend verbesserte sich ihre maximale Sauerstoffaufnahmefähigkeit.

Nordic Walking und ältere Menschen

Parkatti (2002) hat den Einfluss des Nordic Walkings und des damit verbundenen Stretchtrainings auf die Beweglichkeit älterer Amerikaner (62-87 Jahre alt) untersucht, die früher keinen Sport betrieben hatten. Zum Trainingsprogramm gehörten zwei einstündige Trainingseinheiten pro Woche, innerhalb von 12 Wochen. Alle Testergebnisse darüber, wie die Testpersonen mit dem Alltagsleben zurechtkamen, deuteten auf eine Verbesserung der Beweglichkeit hin.

Zusammenfassung

Nach diesen Untersuchungen wird der Organismus von Menschen beliebigen Alters mit einer beliebigen physischen Verfassung beim Nordic Walking im Vergleich zu normalem Gehen mehr belastet. Das gilt sowohl für Männer als auch für Frauen. Durch Nordic Walking erreicht man schon mit einem etwas langsameren Tempo als beim normalen Gehen eine ausgezeichnete Bewegungseffektivität, die den Zustand der Atmungs- und Kreislauforgane verbessert und erhält. Beim Nordic Walking fühlt man nicht immer die tatsächliche Belastung. Deshalb ist es empfehlenswert, dass Sportler, die zur Überanstrengung neigen, während des Nordic Walkings ihren Puls kontrollieren. Nordic Walking wirkt sich insbesondere positiv auf die Ausdauer und die Muskelkraft aus. Darüber hinaus hat Nordic Walking positive Wirkungen auf die Stimmung des Nordic Walkers. Um die Muskelkraft zu verbessern, sollte man bergauf gehen. Regelmäßiges Betreiben des Nordic Walkings lindert Be-

schwerden im Nacken- und Schulterbereich; daher kann Nordic Walking auch als eine sichere und ungefährliche Bewegungsform bei der Rehabilitation eingesetzt werden. Über den positiven Einfluss des Nordic Walkings auf die Koordinationsfähigkeit des Körpers oder auf die motorischen Fähigkeiten liegen zurzeit keine Forschungsergebnisse vor.

Auf Grund der Untersuchungsergebnisse kann man Nordic Walking allen Sporttreibenden mit beliebigem Fitnessstatus wegen seiner positiven Auswirkungen empfehlen. Darüber hinaus ist Nordic Walking eine gefahrlose Bewegungsform und macht viel Spaß.

Zusammenfassung der Untersuchungsergebnisse zum Nordic Walking

- Verbessert die Muskelkraft.
- Erhöht die Ausdauer, d. h. die Belastbarkeit der Atmungs- und Blutkreislauforgane
- Wirkt positiv auf die Stimmung.
- Steigert den Energieverbrauch um etwa 20 % im Vergleich zu normalem Gehen.
- Erhöht die Pulsfrequenz um 10-15 Schläge in der Minute gegenüber normalem Gehen.
- Wird im Vergleich zu normalem Gehen nicht als anstrengender empfunden.
- Lindert Beschwerden im Nacken- und Schulterbereich .
- Verbessert die Körperhaltung.
- Reduziert die Belastung der Kniegelenke.
- Ist eine gefahrlose Bewegungsart für Herzkranke in der Rehabilitation.
- Passt gut zu unter Gehbeschwerden (Hinken) leidenden Patienten.
- Mit Nordic Walking verbundene Stockgymnastikübungen verbessern die Leistungsfähigkeit.

Muskelgruppen, die beim Nordic Walking belastet werden

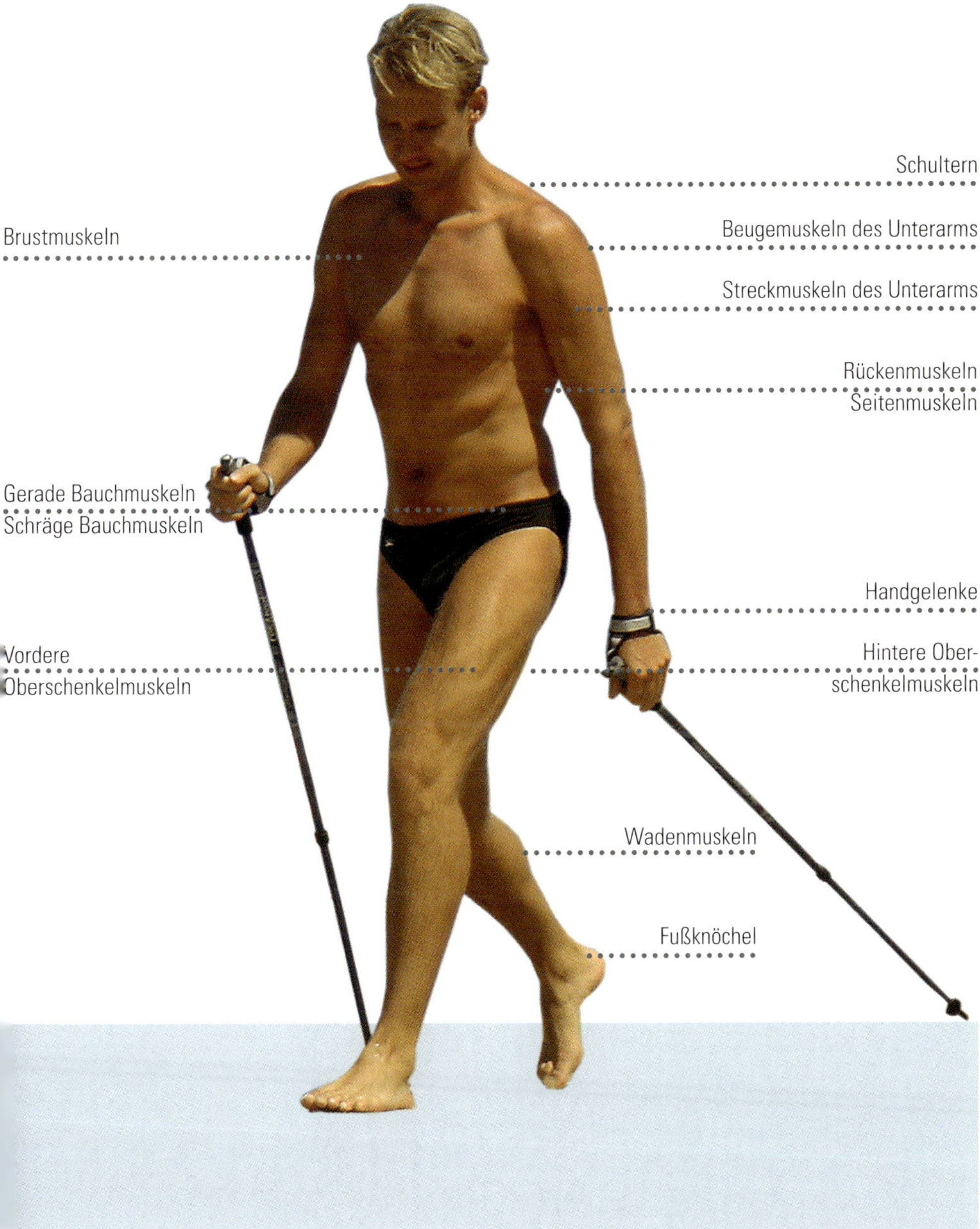

Unterschiede der Herzfrequenzen

Der in der Übersicht vorgestellte Test (s. S. 51) wurde auf dem Testlaufband im Gesundheitszentrum des Finnischen Sportinstituts Vierumäki am 20.01.1999 durchgeführt. Die Übersicht ist bereits im Ratgeber „Vom Nordic Walking zum Stockgesundheitssport" (Kantaneva, Kasurinen 1999) veröffentlicht worden. Mit dem Test wollte man keinen wissenschaftlichen und gründlichen Beweis über die Unterschiede der Herzfrequenzen beim Nordic Walking und bei normalem Gehen vorlegen. Es handelte sich vielmehr um einen konkreten Test, der einige Male an ein und derselben Testperson durchgeführt wurde. In diesem Test wurde die Veränderung der Pulskurve auf dem Testlaufband mit einer Standardgeschwindigkeit und unter einem Standardwinkel des Laufbands beobachtet. Im Test wurde die Veränderung der Pulsfrequenz untersucht, wenn nach normalem Gehen von fünf Minuten der Test mit fünf Minuten Nordic Walking fortgesetzt wurde. Außerdem wollte man wissen, wie der Puls reagiert, wenn nach fünfminütigem Nordic Walking noch fünf Minuten normales Gehen durchgeführt wurde. Beim Übergang von normalem Gang zum Nordic Walking und umgekehrt wurden keine Pausen eingelegt, der Test wurde in Form von wiederholten und unterbrochenen Trainingseinheiten von 15 Minuten fortgesetzt.

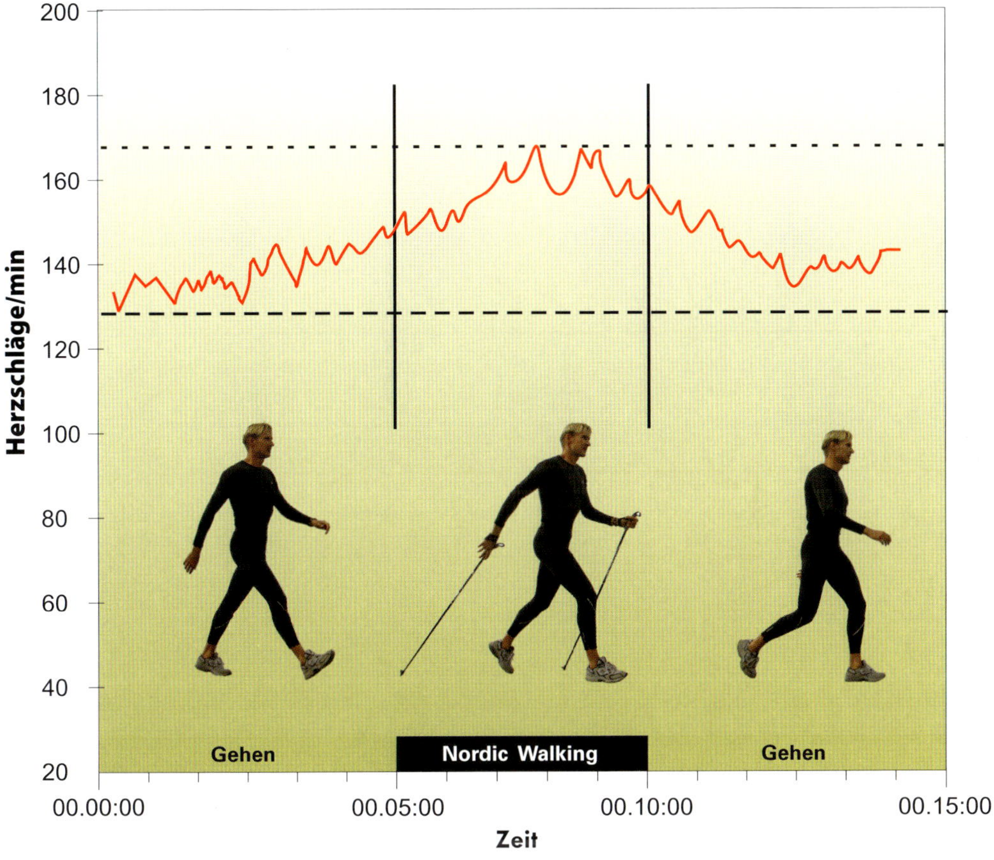

Geschwindigkeit des Laufbands 7,0 km/h, Winkel des Laufbands 0°
ds = durchschnitt

Gehen 5 min	**Nordic Walking 5 min**	**Gehen 5 min**	**UNTERSCHIED Schläge/min UND ÄNDERUNG %**
ds 1) 136,1 l/min	ds 1) 156,2 l/min	ds 1) 144,6 l/min	ds 1-2) 20,1/14,8 % ds 2-3) 11,6/7,4 %

Durchschnitt 1-2) Gehen 1 und Nordic Walking 2 Unterschied zwischen den durchschnittlichen Pulsschlägen und Änderung in Prozent
Durchschnitt 2-3) Nordic Walking 2 und Gehen 3 Unterschied zwischen den durchschnittlichen Pulsschlägen und Änderung in Prozent

Die Technik ist am wichtigsten – nicht die Größe des Mannes oder die Länge des Stocks

MESSUNG DER FITNESS BEIM NORDIC WALKING

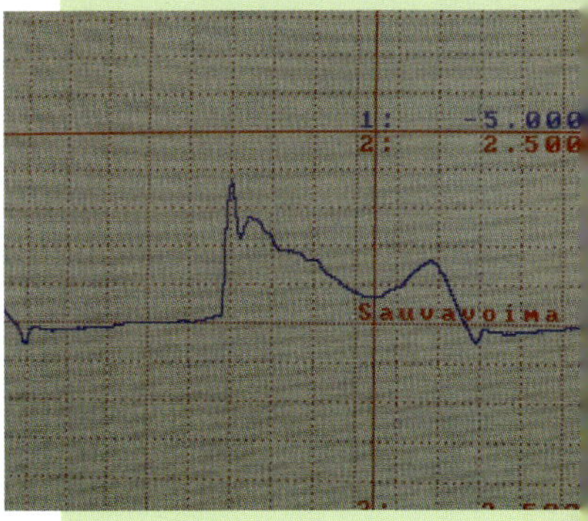

Die Messung der Fitness darf niemals das Hauptziel oder der Selbstzweck beim Gesundheitssport sein. Es ist aber ein sehr gutes Mittel, um das Training auf dem richtigen Pfad zu halten. Es ist auch eine geeignete Art, als Einsteiger in den Gesundheitssport den Zustand der eigenen Kondition zu bewerten, besonders, wenn man lange Zeit nicht mehr regelmäßig Sport getrieben hat. Meistens bedeutet das, dass man nicht absolut zuverlässig und risikofrei seinen eigentlichen Fitnesszustand beurteilen kann. Die eigene Kondition wird oft überschätzt wie die Fähigkeit, Auto zu fahren. Auch Sie halten sich vielleicht für einen überdurchschnittlichen Autofahrer. Wie gut ist Ihre Kondition? Der UKK-Gehtest ist eine ausgezeichnete Methode zur Beurteilung der eigenen Kondition und zur Beobachtung ihrer Entwicklung. Wenn Bewegung lange Zeit nicht ein wesentlicher Bestandteil Ihres Lebens gewesen ist, sollten Sie den ersten Gehtest mit einem Spezialisten des Gesundheitssports durchführen.

UKK-Gehtest (Walk-Test)

Die Messung der eigenen Ausdauer und die Beobachtung ihrer Entwicklung motiviert, sich regelmäßig zu bewegen. Zur Messung der Ausdauer gibt es für den Nordic Walker einen einfachen Test: den Zwei-Kilometer-Gehtest des finnischen UKK-Instituts. Der Test wurde mit 20-65-jährigen Männern und Frauen mit einer durchschnittlichen Kondition entwickelt und er hat sich auch für übergewichtige Personen als geeignet erwiesen. Dieser Test bietet einen guten Maßstab für die Änderungen der Fitness. Der Test eignet sich auch für Nordic Walker, obwohl er auf der Grundlage des normalen Gehens entwickelt wurde. Der UKK-Test wurde nicht eigens für Nordic Walker entwickelt. Bei Personen mit besonders guter Kondition wird im Test die tatsächliche Ausdauerfähigkeit unterschätzt.

Tabelle 1

Kurze Anweisungen zur Durchführung des Tests:

- Messen Sie eine Strecke von 2 km in ebenem Gelände ab. Am einfachsten ist es, den Test in einem Sportstadion durchzuführen.
- Wärmen Sie sich auf, indem Sie 5-10 Minuten gehen.
- Gehen Sie 2 km in einem möglichst schnellen Tempo.
- Messen Sie die dafür verwendete Zeit.
- Schreiben Sie die Zeit gleich am Ziel auf.
- Messen Sie gleich am Ziel die Pulsfrequenz mithilfe des Zeige- und Mittelfingers am Handgelenk oder am Hals. Messen Sie den Puls 15 Sekunden lang und multiplizieren Sie das Resultat mit vier.
- Durch Verwendung eines Herzfrequenzmessgeräts bekommen Sie das zuverlässigste Resultat. Falls Sie ein Herzfrequenzmessgerät benutzen, zeichnen Sie die Zahl auf der Anzeige gleich am Ziel auf.

Wenn möglich, soll der Test beim ersten Mal unter Aufsicht eines ausgebildeten Betreuers durchgeführt werden. Später kann man den Test auch selbstständig absolvieren. Zusätzliche Informationen über den Gehtest sind im UKK-Institut in Tampere erhältlich. www.ukkinstituutti.fi

Tabelle 2

Formeln zum Ausrechnen des Fitnessindexes und der Fitnessklassifikation:

Männer:

420 - (11,6 x min + 0,2 x s + 0,56 x Pulsschlag + 2,6 x BMI - 0,2 x Alter)

Frauen:

304 - (8,5 x min + 0,14 x s + 0,32 x Pulsschlag + 1,1 x BMI - 0,4 x Alter)

Ein Beispiel:

Eine Frau, 40 Jahre alt, Gehzeit 17 min. 30 sek. und der Puls am Ziel 145 Schläge pro Minute

BMI* 23 kg/m -2 (Größe 167 cm, Gewicht 64 kg)

Fitnessindex =

304 - (8,5 x 17 + 0,14 x 30 + 0,32 x 145 + 1,1 x 23 - 0,4 x 40) = 99,6

BMI = Body-Mass-Index (Gewicht kg/Größe cm x Größe cm = BMI)
(Die Körpergröße 187 cm wird beispielsweise als 1,87 berechnet)

Beim Gehtest ist es nicht nötig, sich übermäßig anzustrengen, sondern man geht eine Strecke von genau zwei Kilometern in ebenem Gelände und mit stabiler Geschwindigkeit von Anfang bis Ende so schnell wie möglich. Die Gehzeit und die Herzschlagfrequenz werden am Ziel gemessen (siehe Tabelle 1). Wenn außerdem auch die Größe, das Körpergewicht, das Geschlecht und das Alter der Testperson berücksichtigt werden, erhält man als Resultat den Fitnessindex der Testperson (siehe Tabelle 3).

In der Praxis wird das Ergebnis des UKK-Gehtests als Fitnessindex berechnet, der die rechnerische Variante des geschätzten maximalen Sauerstoffverbrauchs ist. Der Fitnessindex wird nach den Formeln in Tabelle 2 berechnet. Der Indexwert 100 wurde auf Grund des Untersuchungsmaterials für die Entwicklung des Tests so bestimmt, dass er den durchschnittlichen Fitnesszustand von Menschen unterschiedlichen Alters widerspiegelt. Vereinfacht kann dies auf folgende Weise ausgelegt werden: Falls Sie als Indexwert 100 erhalten, haben Sie die gleiche Kondition wie Ihre Altersgenossen. Ist Ihr Index unter 100, weisen Sie eine schlechtere Kondition als Ihre Altersgenossen auf. Das heißt, dass Sie, an Ihrer Kondition gemessen, älter sind als Ihr tat-

Tabelle 3

Niveauklassifikation*	Fitnessindex
GESUNDHEITS-SPORTLER	unter 70 = wesentlich unter dem Durchschnitt 71-90 = unter dem Durchschnitt 90-110 = durchschnittlich
FITNESSSPORTLER	90-110 = durchschnittlich 110-130 = über dem Durchschnitt
AKTIVSPORTLER	110-130 = über dem Durchschnitt über 130 = wesentlich höher als der Durchschnitt

* Die Niveauklassifikationen wurden ausschließlich für die Trainingsprogramme und Zwecke dieses Buchs erstellt.

sächliches Alter. Der Indexwert über 100 zeigt dagegen, dass Sie eine bessere Kondition als Ihre Altersgenossen haben. Sie sind Ihrer Kondition nach jünger als nach Ihrem tatsächlichen Alter.

Auf Grund der Standardabweichung des maximalen Sauerstoffverbrauchs (7-8 ml/kg/min) ist der Fitnessindex in fünf Stufen eingeteilt. Die mittlere Stufe (Index 90-110) entspricht einer Standardabweichung, d. h. bei Männern 4 ml/kg/min und bei Frauen 3,5 ml/kg/min vom Mittelwert in beide Richtungen. Die nächsten Stufen nach unten und oben entsprechen einer Standardabweichung. Ein Indexpunkt ist also kleiner als 0,5 ml/kg/min. In den Entwicklungsmaterialien des Gehtests entspricht zum Beispiel der Fitnessindex 100 dem maximalen Sauerstoffverbrauch von 31 ml/kg/min bei einer 50-jährigen Frau, 34 ml/kg/min bei einer 40-jährigen Frau und entsprechend 37 ml/kg/min bei einer 30-jährigen Frau.

Verallgemeinert kann festgestellt werden: Je kürzer die beim Gehtest verwendete Zeit, je niedriger die Pulsfrequenz, je kleiner der Gewichtindex und je höher das Alter ist, desto besser ist das Testergebnis/der Fitnessindex. Die größte Rolle spielt die beim Gehen verwendete Zeit. Ein Unterschied von einer Minute in der Zeit entspricht ungefähr 10 Indexpunkten. Falls sich aber der Puls entsprechend um 20-15 Schläge in der Minute oder das Gewicht bei Männern um 10 kg, bei Frauen um 20 Kilo ändert, entsprechen diese Änderungen einem Wert von circa 10 Indexpunkten. Den geringsten Einfluss auf die Testergebnisse hat das Alter der Testpersonen.

Bitte beachten Sie Folgendes:

- Der Fitnesstest motiviert Sie zur Bewegung.
- Sie erfahren, wo Sie beginnen sollen und wie es weitergeht.
- Der Fitnesstest ist keine Gesundheitskontrolle!

Wenn sie etwas Altes untersuchen, finden Sie etwas ganz anderes.

AUSRÜSTUNG BEIM NORDIC WALKING

Wenn Sie mit Nordic Walking anfangen, stehen Sie zwangsläufig vor dem Problem: Welche Ausrüstung sollte man sich besorgen? Eine gute und hochwertige Ausrüstung ist zweckmäßig und ermöglicht angenehme Nordic Walking-Erlebnisse.

Wahl der Stöcke für Nordic Walking

Die Stöcke sind beim Nordic Walking die wichtigsten Ausrüstungsgegenstände. Ohne sie kann man Nordic Walking nicht betreiben. Da die Stöcke sehr haltbar sind, sollte diese Investition aus einer etwas weiteren Perspektive betrachtet werden. Man könnte von folgendem Beispiel ausgehen: Wenn man sich gute Sportschuhe besorgt, die häufig benutzt werden, heißt es, dass man mindestens zwei Paar davon im Jahr braucht. Zum Beispiel benutzen viele Hobby-Marathonläufer parallel mehrere ähnliche Laufschuhpaare. In einem Jahr nutzen sie 2-4 Paar Laufschuhe ab. Wenn man sich aber ordentliche Nordic Walking-Stöcke besorgt, kann man sie sehr lange benutzen. Ab und zu muss man natürlich abgenutzte Teile, wie zum Beispiel Schlaufe, Asphaltpads und Stockspitze, austauschen. Im Folgenden beschäftigen wir uns mit der Wahl der Stöcke und verschiedenen Faktoren, die diese Wahl beeinflussen.

Die Nordic Walking-Stöcke müssen kürzer als die Stöcke für Skilanglauf sein, denn beim Langlauf ist die Bewegungsgeschwindigkeit größer als beim Nordic Walking und im Winter sinkt die Stockspitze teilweise in den Schnee ein.

Es ist empfehlenswert, die Stöcke in der Stockabteilung eines Sportgeschäfts zu kaufen. Dort finden Sie die für Sie nach den oben genannten Kriterien am besten

passenden Nordic Walking-Stöcke (s. Tabelle 4). Beim leistungsstarken und ausdauernden Nordic Walking sind gute und zweckmäßigen Stöcke erforderlich.

Wenn man Nordic Walking als Gesundheitssport betreibt, benutzt man bei der Auswahl der Stocklänge folgende Berechnungsformel: 0,7 x Körpergröße. So passen für eine 170 cm große Frau Stöcke mit dem Koeffizienten 0,7. Das bedeutet, dass die Stocklänge 120 cm beträgt. (170 cm x 0,7 = 119 cm).

Die Körpergröße ist jedoch nicht der einzige Faktor, der die Länge der Nordic Walking-Stöcke beeinflusst. Bei der Auswahl sind auch die Fitness, die Beweglichkeit der Gelenke, Sehnen und Muskeln, die Proportionen der Gliedmaßen sowie des Rückens und der Beine, das Gehtempo des Nordic Walkers sowie das Gelände, in dem man sich hauptsächlich bewegt, zu berücksichtigen. Außerdem muss auch die Beherrschung der Nordic Walking-Technik und der langfristige Verwendungszweck beachtet werden. Aus Tabelle 4 sind drei verschiedene Maßbereiche und die Empfehlungen des Fitnessniveaus ersichtlich.

Bei der Wahl der Nordic Walking-Stöcke sollte man folgende Aspekte berücksichtigen:

- Der Griff muss für die Hand ergonomisch richtig geformt und aus einem Material hergestellt sein, das Reibungen an den Händen vermeidet, wenn man mit bloßen Händen, also ohne Handschuhe, den Griff festhält.
- Die Schlaufen müssen die Hand bequem stützen und so beschaffen sein, dass es nicht notwendig ist, den Griff zu drücken, sondern der Stock bewegt sich ganz natürlich mit den Bewegungen des Nordic Walkers.
- Eine gute Schlaufe verteilt auch den Druck gleichmäßig auf die gesamte Hand und ermöglicht eine ungehinderte Blutzirkulation in der Handfläche.
- Der Stock muss leicht und haltbar sein.
- Die scharfe Spitze aus Hartmetall am unteren Stockende macht die Benutzung des Stocks sicherer und das Asphaltpad, das als Zusatzausrüstung an der Spitze befestigt wird, dämpft beim Gehen auf hartem Boden den Schlag auf die Hand.

Tabelle 4

Wie bestimmt man die richtige Stocklänge?

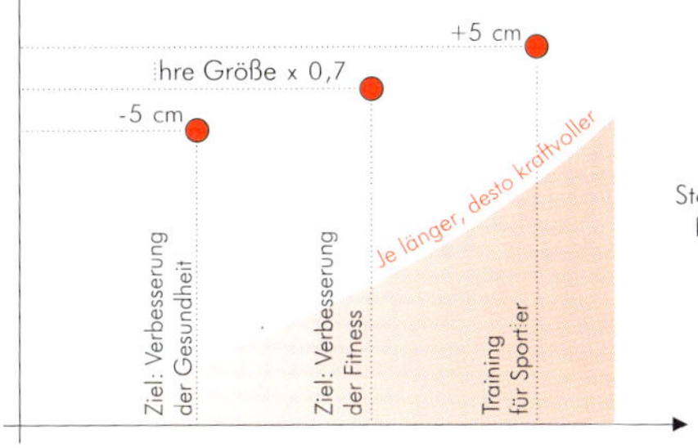

Das Längenkriterium (cm) zur Auswahl der Stocklänge hängt von Ihrer Körpergröße und Ihrem Trainingszustand ab

Ihre Größe	-5 cm ◄	0,7 x Ihre Größe	► +5 cm
150	100	105	110
155	105	110	115
160	105	110	115
165	110	115	120
170	115	120	125
175	115	120	125
180	120	125	130
185	125	130	135
190	130	135	140
195	130	135	140
	Gesundheit	Fitness (Empfehlung)	Sport

Testen Sie Stöcke von unterschiedlicher Länge vor dem Kauf im Geschäft oder bei Nordic Walking-Veranstaltungen. Achten Sie dabei auf folgende Faktoren:

- Bekommen Sie beim Gehen mit den Stöcken ein natürliches und leistungsstarkes Gefühl für Ihren Bewegungsablauf?
- Bieten die Stöcke Ihnen eine Ihrer Kondition und Ihrem Können entsprechende Stütze?
- Mit kurzen Stöcken wird ein kurzer Bewegungsablauf erreicht.
- Mit passenden Stöcken (0,7 x Ihre Körpergröße) wird der für Sie natürliche Bewegungsablauf ermöglicht. Den meisten Nordic Walkern passt die auf diese Weise berechnete Stocklänge ausgezeichnet.
- Mit langen Stöcken wird ein langer Bewegungsablauf und entsprechend mit kürzeren Stöcken ein kurzer Bewegungsablauf erreicht.
- Gemäß Faustregel haben Stöcke die richtige Länge, wenn der Unterarm und der Boden einen Winkel von 90° bilden.

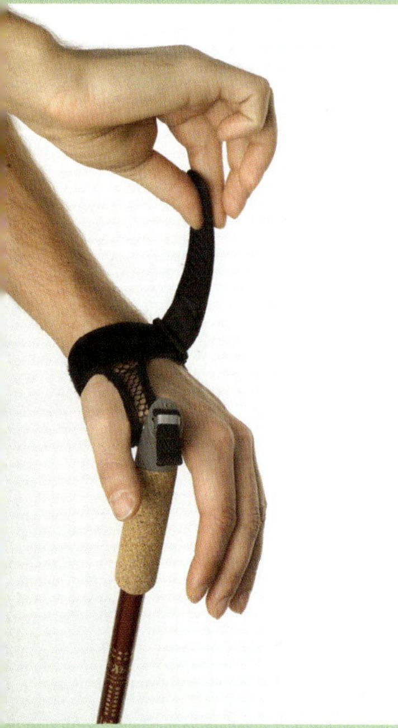

Die richtige Technik des Nordic Walkings und das intensive Üben gelingt am besten, wenn man eine speziell für Nordic Walking entworfene Ausrüstung verwendet. Die Stockgriffe müssen der Ergonomie der Hand in der Weise entsprechen, dass die Schlaufe die Hand stützt und es dabei nicht erforderlich ist, während des Gehens den Stockgriff zu drücken. Die Schlaufen müssen auch leicht verstellbar sein.

Die Hartmetallspitze am unteren Ende des Stocks, d. h. am Stockteller, wird in den Boden gedrückt und gewährleistet optimalen Halt. Für Nordic Walking auf Asphalt ist ein spezielles Asphaltpad zur Dämpfung der Schläge sowie des Geräusches entwickelt worden. Durch die Gummipads wird auch der optimale Halt des Stockschubs auf Asphalt erreicht.

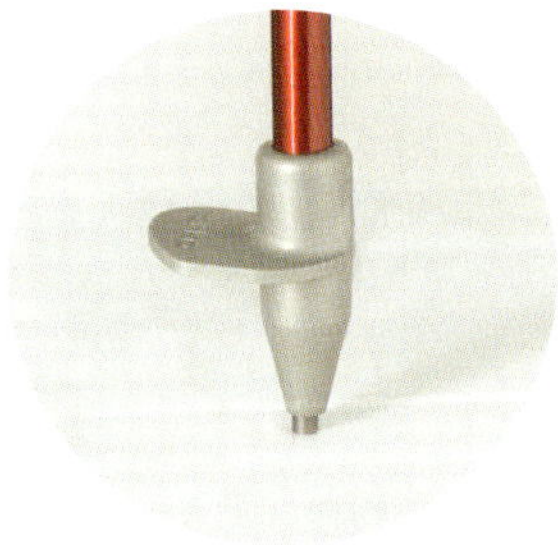

Ein guter Nordic Walking-Stock hat drei wichtige Eigenschaften:

1) Ein gut geformter Griff und eine Schlaufe, die die Anwendung der korrekten Nordic Walking-Technik erleichtern.
2) Ein haltbarer, leichter und belastbarer Stock, der genügend Elastizität besitzt.
3) Eine speziell für Nordic Walking geformte Stockspitze, die in unterschiedlichem Gelände verwendet werden kann und das Befestigen eines Asphaltpads an der Stockspitze für Nordic Walking auf Asphaltboden ermöglicht.

Bekleidung

Mit der Zeit findet jeder Nordic Walker die richtige Bekleidung für verschiedene Temperaturen. Im Folgenden gebe ich Ihnen einige Hinweise, die die Geheimnisse der Grundbekleidung betreffen.

Bekleidung bei Hitze

Bei warmen und heißen Temperaturen sollte man sich ein T-Shirt anziehen, um den Oberkörper vor der Sonne zu schützen und den Flüssigkeitsverlust zu reduzieren. Am bloßen Körper verdunstet der Schweiß viel schneller als am bedeckten Körper. Shorts oder andere für Gehen oder Laufen geeignete, kurze Sporthosen sind optimale Sportbegleiter. Durch eine solche leichte und bequeme Bekleidung wird der Nordic Walking-Genuss erhöht. Bei Sonnenschein sollte man auch den Kopf mit einer Schirmmütze oder einer anderen Kopfbedeckung bedecken. Dünne, gut sitzende und bequeme Nordic Walking-Handschuhe sind ein ausgezeichneter Schutz gegen Blasen infolge Reibung an den Händen während langer Nordic Walking-Routen.

Bekleidung bei Kälte

Kalte oder kühle Wetterverhältnisse verlangen eine spezielle Kleidung. Auch die Windstärke und -richtung sowie Regen bei kühlem Wetter beeinflussen das Sporttreiben unter freiem Himmel. Bei starkem Wind oder bei Temperaturen nahe dem Nullpunkt lohnt es sich, eine warme Mütze aufzusetzen sowie dickere, für kaltes Wetter geeignete Nordic Walking-Handschuhe anzuziehen.

Mehrschichtige Bekleidung hält Sie trocken und warm

Der Gesundheitszustand, der Stoffwechsel und die Empfindlichkeit gegen Kälte sind individuelle Eigenschaften. Deshalb gibt es keine einzige und richtige Art der mehrschichtigen Bekleidung. Jeder Mensch, der Sport an der frischen Luft betreibt, muss für sich selbst eine optimale Bekleidungsart für unterschiedliche Wetterverhältnisse finden. Es ist leicht, sich mehrschichtig zu bekleiden, wenn man die einschlägigen Prinzipien beachtet. Der Grundgedanke besteht darin, dass mehrere Bekleidungsschichten angezogen werden und ihre Anzahl nach den Temperaturen und der Körperwärme variiert werden kann. Die unterste Bekleidungsschicht soll die aus dem Körper verdunstende Feuchtigkeit in die äußeren Bekleidungsschichten transportieren, damit die Hautoberfläche trocken bleibt. Zwischen den Bekleidungsschichten bilden sich Luftschichten oder ein Mikroklima, das den Körper von der kalten Außenluft isoliert, aber gleichzeitig auch die Feuchtigkeit nach außen ableitet. Die oberste Bekleidungsschicht schützt vor Wasser und schneidendem Wind. Zugleich ist die oberste Bekleidungsschicht atmungsaktiv und ermöglicht Ihnen angenehme Bewegungserlebnisse. Das Wesentliche dabei ist, dass die Bekleidungsstücke zusammen oder einzeln, je nach den Wetterverhältnissen, getragen werden können.

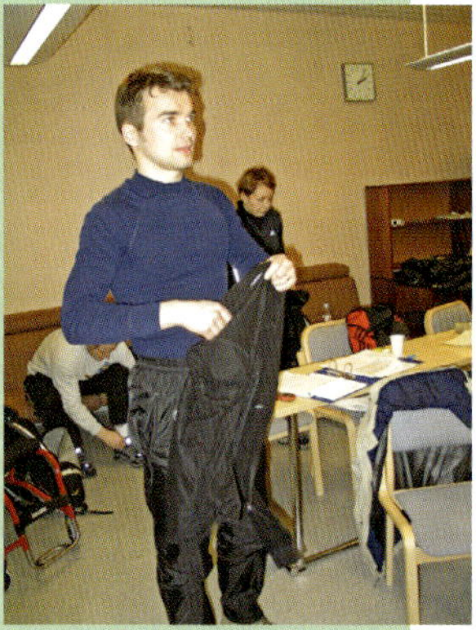

Unterste Bekleidungsschicht

Die unterste Bekleidungsschicht transportiert die Feuchtigkeit in die folgenden Bekleidungsschichten und sorgt dafür, dass es Luft zwischen den Bekleidungsschichten gibt, die die Hautoberfläche warm hält. Je besser die Feuchtigkeit abgeleitet wird, desto besser funktioniert die Wärmeisolation. Kurze Unterhose, ein Unterhemd mit kurzen Ärmeln und ein BH wärmen den Körper unter der untersten Bekleidungsschicht und das Waschen der Unterschicht der Bekleidung ist nicht so oft erforderlich. Die besten Materialien für die unterste Bekleidungsschicht sind atmungsaktive und warme Kunstfasertextilien wie Polypropen und Polyester. Baumwolle eignet sich nicht als unterste Bekleidungsschicht.

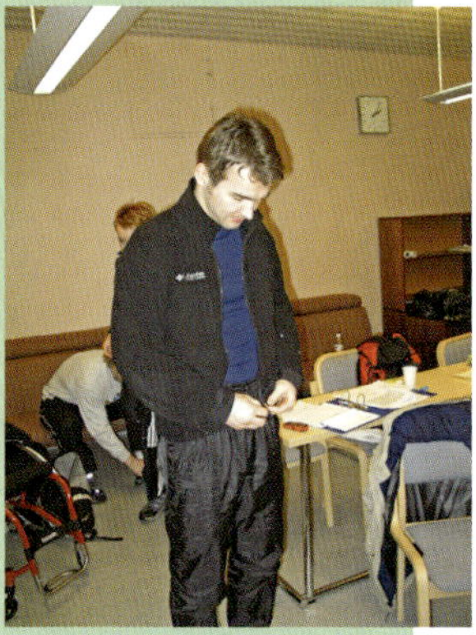

Zwischenschicht

Die Zwischenschicht der Bekleidung soll den Körper wärmen und isolieren. Das Material der Zwischenschicht muss geeignet sein, die beim Schwitzen entstehende Feuchtigkeit weiterzutransportieren. Leichte Kleidungsstücke kann man wie die unterste Bekleidungsschicht oder als Zwischenschicht auf der unteren Schicht tragen. Bei kaltem Wetter ist es empfehlenswert, zwischen der Unterschicht und der oberen, wetterfesten Kleidungsschicht eine erwärmende Zwischenschicht anzuziehen. Bei Bedarf kann man zusätzliche Zwischenschichten anziehen. Am besten eignen sich Fleece und Microfleece.

Aussenschicht

Die Außenschicht der Bekleidung soll den Körper vor Wind und Regen schützen. Diese Schicht sollte auch atmungsaktiv sein, um die Funktionalität der Unter- und Zwischenschicht zu gewährleisten. Die Modelle und Details der Außenschicht werden nach den Anforderungen der Sportart entworfen. Als Material werden wetterfeste und haltbare Stoffe verwendet. Die Außenschicht darf nicht zu eng anliegen, damit bei Bedarf darunter noch mehrere Kleidungsschichten angezogen werden können, ohne dabei die Bewegungen des Körpers einzuschränken. Die Ventilation der zweckmäßig funktionierenden Außenschicht muss durch Ventilationsöffnungen regulierbar sein.

Schuhwerk

Die Schuhe spielen bei der Bewegung eine große Rolle. Schuhe von richtiger Größe und Form machen das Training bequemer. Je besser die Füße sich fühlen, desto bequemer fühlt sich auch der Träger der Schuhe. Zum Beispiel stützen die für Gehen und Laufen entworfenen Schuhe den Fußbogen und drehen den Fuß bei fehlerhaften Positionen zurück in die richtige Position. Die Steifheit/Elastizität des Schuhmaterials hat großen Einfluss auf die Belastbarkeit der Füße. Gute, für das Gehen konzipierte Schuhe dürfen nicht an den Zehen und am Mittelfuß drücken und sie dürfen keine glatten Sohlen haben. Richtig gewählte, gute Schuhe unterstützen Ihre gesamte Körpermuskulatur beim Gehen oder bei der Durchführung einer anderen Sportart.

Nordic Walking ist eine technische Sportart – es ist einfach zu betreiben und macht Spaß

NORDIC WALKING–TECHNIK

Nordic Walking ist eine technische Sportart. Beim Erlernen des Nordic Walkings müssen Sie geduldig, aber immer auch zielbewusst und aufmerksam Ihr Techniktraining durchführen.

Nordic Walking-Technik

Kennzeichen der korrekten Nordic Walking-Technik sind:

- Der Körper des Nordic Walkers ist leicht nach vorne gebeugt: a) Möglichkeit des intensiven Armeinsatzes, b) lange Schritte und effektive Ballenabstöße werden ermöglicht.
- Die Stöcke befinden sich in einer leicht schräg nach vorne gebeugten Position wie der Körper des Nordic Walkers: a) intensiver Armeinsatz möglich, b) gegenüberliegende Arme und Beine bewegen sich mit weiten Bewegungsbahnen nach vorne und hinten.

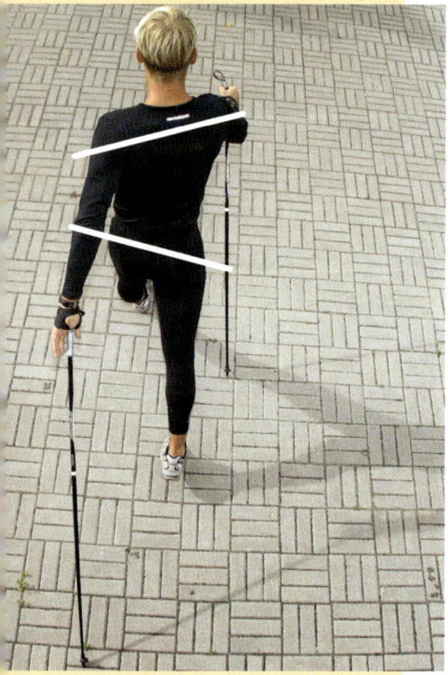

- Längerer Schritt als bei normalem Gehen – ermöglicht eine effektive Drehung der Hüfte.
- Längerer Schritt als bei normalem Gehen – weite Armbewegungen, Schulterdrehung und Öffnen des Brustkorbs sind möglich.

- Die Stöcke bewegen sich geradlinig nach vorne und hinten – die entstehende Kraft ist geradlinig nach vorne gerichtet.

Visionen. Stellen Sie sich vor, dass

- Sie Ihre Arme so bewegen, als ob Sie mit glatten Schuhen bergauf gingen.
- Sie gegen den Gegenwind angehen müssten.
- Sie sich mithilfe der Stöcke nach vorne abstoßen würden.

Bewegungen der Arme und Hände

- Beim Nordic Walking wird der Stock immer geradeaus mit dem Handgriff nach vorne im lockeren Faustgriff bewegt, wobei die Bewegung durch die Faust geleitet wird.

- In der Zugphase der Stockarbeit wird die Faust locker um den Handgriff geschlossen Das Gefühl des Handgriffs muss kontrollierend sein. Stellen Sie sich vor, dass Sie in der Faust einen kleinen Vogel haben, den Sie nicht verletzen dürfen.

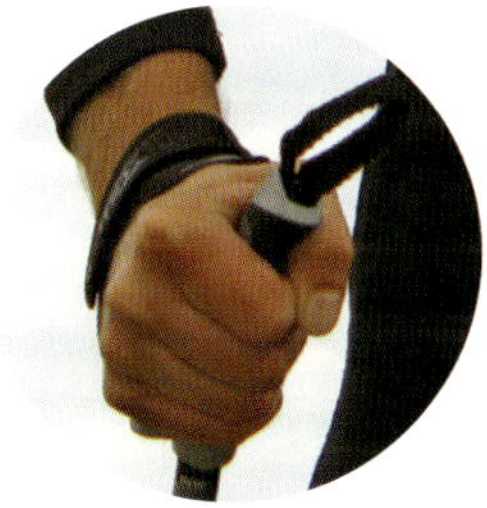

- Am Ende des Stockschubs wird die Faust ein wenig geöffnet. Beenden Sie den Schub, indem Sie die Hand auf die Schlaufe des Handgriffs stützen.

- Beginnen Sie den Schritt mit der nach vorn gerichteten Ferse und beenden Sie ihn mit dem Ballenabstoß.

- Machen Sie beim Nordic Walking etwas größere Schritte als beim normalen Gehen.

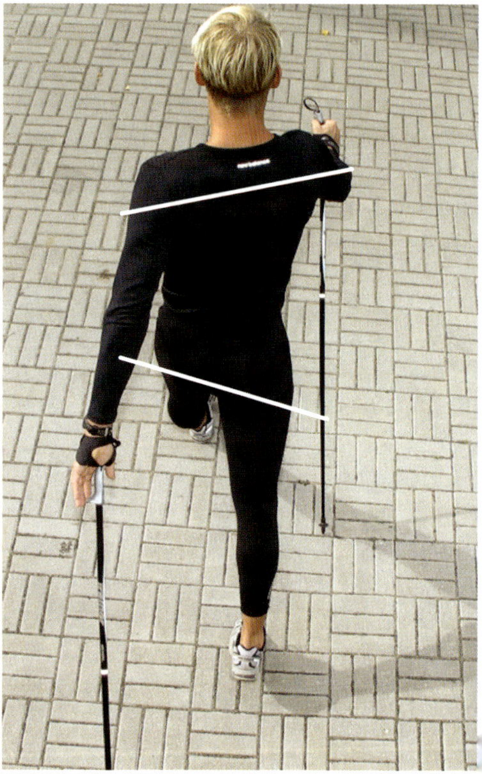

- Große und zügige Schritte ermöglichen eine deutliche Hüftdrehung.

Beachten Sie Folgendes:

1. Machen Sie einen etwas größeren Schritt als beim normalen Gehen.
2. Versuchen Sie, den Oberkörper beim Nordic Walking leicht vorzubeugen.
3. Lassen Sie Ihre Fußsohle von der Ferse auf den Ballen abrollen.
4. Versuchen Sie, den Stockschub nahe an der Hüfte vorbei durchzuführen.
5. Pressen Sie den Handgriff nicht, „das Vögelchen" soll am Leben bleiben.
6. Am Ende des Stockschubs öffnen Sie die Faust etwas und stützen sich auf der Schlaufe des Stocks ab.
7. Bringen Sie den Stock zuerst mit dem Handgriff nach vorne, nicht mit dem Stockende.

Körperbewegungen

- Die Schulter- und Hüftbereiche machen rhythmische, kontinuierliche Gegendrehbewegungen, die von weit ausgreifenden Bein- und Armbewegungen nach vorne und hinten begleitet werden. Die Gegendrehbewegungen stellen ein hervorragendes Training für den Rücken dar und stärken die Haltungsmuskeln im Bauch-, Seiten- und Rückenbereich.

Nordic Walking-Technik beim Bergauf- und Bergabgehen

Bergaufgehen

Beugen Sie Ihren Körper beim Bergaufgehen etwas mehr als beim Gehen in der Ebene nach vorn. Die Arm- und Handbewegungen sind kräftiger, aber der Bewegungsablauf ist kürzer. Beim Bergaufgehen werden die Muskeln des hinteren Oberschenkels und die Waden mehr beansprucht. Mithilfe von intensiven Stockschüben können Sie die Schritte beim Bergaufgehen vergrößern. Durch Stockschübe wird während des Bergaufgehens das Gewicht von den Beinen auch auf den Oberkörper verlagert. Bergaufgehen ist eine äußerst empfehlenswerte Art des Techniktrainings für Anfänger, weil man beim Bergaufgang das beste Gefühl für den Armeinsatz und dessen Rhythmus bekommt.

Bergabgehen

Beim Bergabgehen macht man kleinere Schritte und der Schwerpunkt wird mehr nach unten verlagert. Halten Sie die Knie ein wenig gebeugt. Beim Abstoß wird das Bein nicht ganz durchgestreckt. Verteilen Sie das Gewicht zwischen dem in den Boden gedrückten Stock und Ihrer Ferse. Je kräftiger der Stockschub ist, desto weniger Gewicht fällt auf die andere Seite Ihres Körpers. Bremsen Sie mit den Beinen und beugen Sie den Körper gleichzeitig ein wenig nach hinten. Bringen Sie die Stöcke nicht vor den Körper. Beim Bergabgehen ist der Stockschub etwas passiver als im ebenen Gelände oder beim Bergaufgehen.

Kurze Einführung in die Geheimnisse des Nordic Walkings (1-5)

1. Nehmen Sie die Stöcke in senkrechter Position in die Hand, indem Sie sie in der Mitte des Stocks festhalten. Fangen Sie an, schnell zu gehen und konzentrieren Sie sich auf die schnelle Vorwärtsbewegung, wobei die Schultern unten und entspannt sind. Lassen Sie Ihre Arme frei nach vorne und hinten schwingen. Verlängern Sie nach einiger Zeit Ihren Schritt so, dass er mit der Ferse nach vorne beginnt und das Abrollen über die Sohle mit einem deutlichen Ballenabstoß endet. Diese Übung verbessert die Gehtechnik und bereitet Sie auf die richtige Bewegungsausführung beim Nordic Walking vor.

2. Stecken Sie jetzt Ihre Hände durch die Schlaufen des Stockgriffs. Lassen Sie die Arme nach unten fallen, halten Sie Ihre Handflächen geöffnet und beginnen Sie zu gehen, ohne die Stöcke zu beachten. Konzentrieren Sie sich auf entspanntes Gehen und halten Sie die Schultern unten und entspannt. Lassen Sie die Arme frei nach vorne und hinten schwingen. Die Stöcke bleiben unten und Sie können sie als Verlängerung Ihrer Arme hinter sich herziehen. Versuchen Sie nicht, die Stöcke zu benutzen. Verlängern Sie Ihren Schritt allmählich so, dass er mit der nach vorn gerichteten Ferse beginnt und das Abrollen über die Sohle mit einem kräftigen Ballenabstoß endet. Diese Trainingsart verbessert die Gehtechnik und bereitet Sie auf die Bewegungsausführung beim Nordic Walking und auf den Stockeinsatz vor.

3. Gehen Sie weiter und konzentrieren Sie sich nun auf die Benutzung der Stöcke. Halten Sie den Stockgriff auf die Weise fest, als ob Sie einen kleinen Vogel in der Hand hielten: Der Vogel darf nicht ersticken, aber er darf auch nicht entfliehen. Wenn Sie den richtigen Gehrhythmus gefunden haben, versuchen Sie, die Hände immer mehr zu benutzen.

4. Versuchen Sie jetzt, die intensiven Arm- und Beinbewegungen miteinander zu verbinden. Versuchen Sie, die Stockschübe ordentlich abzuschließen. Das bedeutet, dass die Arme fast völlig nach hinten ausgestreckt werden. Um diese völlige Streckung zu ermöglichen, öffnen Sie die Handflächen ein wenig und schließen Sie den Schub ab, indem Sie die Arme auf die Schlaufe stützen. Bewegungen dieser Art wirken sich positiv auf die Muskeln im Nacken- und Schulterbereich aus. Gleichzeitig wird eine effektive Schulterdrehung durchgeführt, die die Wirbelsäulenmuskeln kräftigt. Vergrößern Sie auch Ihren Schritt so, dass er mit der Ferse nach vorne beginnt und das Abrollen der Sohle mit einem kraftvollen Ballenabstoß endet.

5. Das wichtigste Ziel ist, dass der Stockschub nahe an der Hüfte vorbei getätigt wird. Diese Trainingsform übt und intensiviert vor allem den Armeinsatz. Wenn Sie die letzte Phase des Nordic Walkings erlernt haben, haben Sie einen Schritt in Richtung der perfekten Nordic Walking-Technik gemacht. Durch die Anwendung dieser Technik entwickeln Sie Ihre Ausdauer und die Muskulatur von Nacken und Schultern, der Arme, des Rückens, Bauchs und der unteren Extremitäten.

Einzelheiten (1-14)

Im Folgenden konzentrieren wir uns auf verschiedene Einzelheiten der Nordic Walking-Technik. Insgesamt gibt es 14 Trainingsübungen und Hinweise. Wählen Sie für jede Trainingseinheit ein oder zwei Übungen aus. Gehen Sie die Übungen zuerst in Ihrem Kopf durch und Sie werden ganz bestimmt die gewünschten Resultate erzielen. Alle Übungen entwickeln Ihre Fähigkeiten weiter. Auch erfahrene Nordic Walker sollten diese Übungen ab und zu durchführen.

Beginnen Sie zunächst mit Gehen.

1. Gehen Sie mit entspannten Schultern

Versuchen Sie dabei, die für Sie passende Schrittlänge und das entsprechende Tempo zu finden.

2. Probieren Sie zu marschieren

Beschleunigen Sie Ihr Gehtempo bis zum energischen „Fußmarsch“. Durch den Marschschritt können Sie den weiten Nordic Walking-Bewegungsablauf trainieren.

„Durch einen neuen Anfang kann man manchmal etwas Neues entdecken.“

3. Arbeit der Fußspitzen

Betrachten wir einen Moment die Schaukelbewegung der Fußspitzen. Schaukeln Sie hin und her von den Zehenspitzen auf die Fersen und von den Fersen auf die Zehenspitzen.

4. Beugung des Körpers nach vorne

Der Körper ist nach vorne gebeugt, probieren Sie diese Position im Stand. Spüren Sie, wie der Fußballenabstoß Sie zusammen mit dem Stockschub in die richtige Richtung nach vorne stößt.

5. Bewegung der Hüfte

Versuchen Sie, die Hüfte mit einer ganz langsamen Bewegung zu drehen.

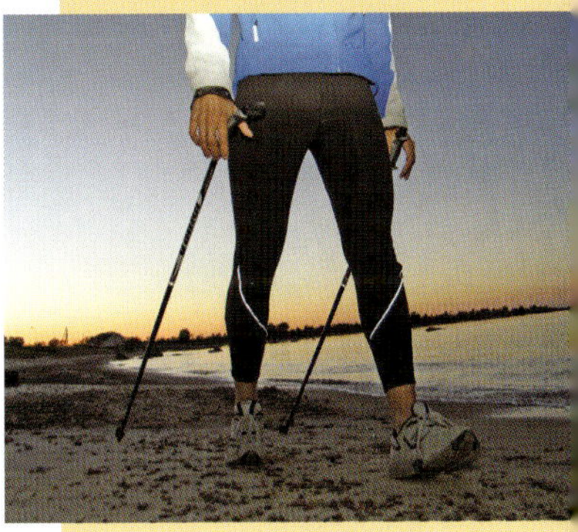

6. Bewegung der Arme und Schulterdrehung

Führen Sie im Stand mit den Armen Stockschubbewegungen durch. Die Arme schwingen frei nach vorne und hinten: Schulterdrehung. Drehung des Taillenbereichs. Die schrägen und geraden Bauchmuskeln und die Rückenmuskeln werden trainiert.

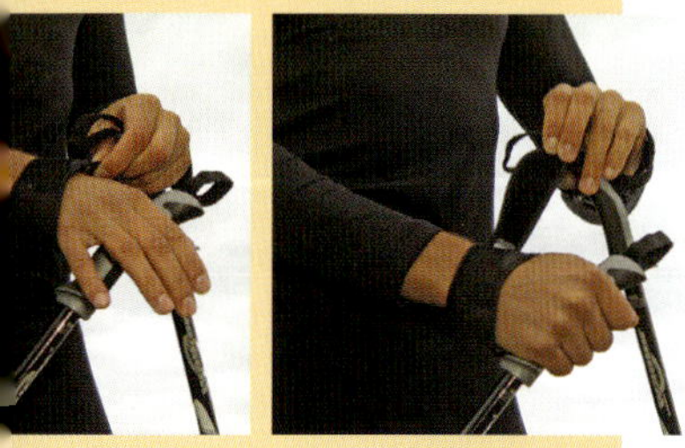

7. Nehmen Sie die Stöcke in die Hand und prüfen Sie, ob die Schlaufenbefestigung in Ordnung ist
Richtig regulierte und befestigte Schlaufen sind eine Voraussetzung für erfolgreiches Nordic Walking-Training. Die dafür aufgewendete Zeit lohnt sich bestimmt.

8. Suchen Sie sich mithilfe der Stöcke einen passenden Bewegungsrhythmus
Gehen Sie am Anfang schnell, ohne auf die Stöcke zu achten. Ziehen Sie die Stöcke hinter sich her, mit den Händen in den Schlaufen. Durch entspanntes Gehen finden Sie den richtigen Rhythmus für die Stockbenutzung.

9. Halten Sie das „Vögelchen" am Leben,
d. h. trainieren Sie, den Stockgriff mit einem offenen, genügend starken, aber nicht zu festen Griff zu halten.

10. Kurze und lange Bewegungsabläufe
Führen Sie kürzere und weitere Bewegungsabläufe der Arme und Beine durch. Diese Übungen verbessern die allgemeine Nordic Walking-Technik und helfen Ihnen, den für Sie geeigneten Bewegungsablauf zu finden.

11. Führen Sie den Stockschub eng an Ihrer Hüfte vorbei durch

Üben Sie zuerst mit einer Hand, so erlernen Sie diese komplizierte Bewegung leichter. Gehen Sie am Anfang mit zwei, dann mit drei Schritten an der Hüftlinie vorbei. Wenn Sie diese im Stand durchzuführenden Trainingsübungen erfolgreich ausgeführt haben, üben Sie beim Gehen mit einem Stock den Schub an der Hüfte vorbei. Wenn Sie diese Übung im Griff haben, haben Sie den Armeinsatz beim Nordic Walking so gut wie erlernt.

12. Öffnen Sie die Hand

Um die vollkommene Schulter- und Hüftdrehung durchführen zu können, müssen Sie am Ende des Stockschubs Ihre Faust ein wenig öffnen. Am Anfang ist diese Übung für viele schwierig, aber es lohnt sich, diese Technik von Beginn an zu trainieren. Wie bei der vorigen Übung ist es auch hier leichter, mit Schrittbewegungen im Stand anzufangen.

13. Den Stock in den Boden drücken

Der Stock soll fest in den Boden „eingeschlagen" werden. So bekommen Sie einen festen Druckpunkt für den Stockschub. Falls man die Stöcke nur an der Seite schwingt, bleiben die effektiven Wirkungen des Nordic Walkings aus.

14. Übung „Die Zähne fest zusammenbeißen"

Betreiben Sie entspanntes, „aggressives" Nordic Walking mit weiten Bewegungsabläufen. Diese Übung verbessert die allgemeine Nordic Walking-Technik.

Beim Nordic Walking ist die Ausrüstung nicht immer das Wichtigste. Die Technik ist entscheidend.

Nordic Walking-Technik auf Asphalt

Die Gehtechnik auf dem Asphalt unterscheidet sich etwas von der Gehtechnik im normalen Gelände. Die Stöcke sind wegen der Asphaltpads ein wenig länger und der gewöhnliche Stockwinkel kann dadurch gerader werden, falls man sich dieser Änderung nicht bewusst ist. Aus diesem Grund ist es empfehlenswert, Nordic Walking mit den Asphaltpads mit den oben geschilderten Rhythmusübungen zu beginnen. Lassen Sie die Hände frei neben die Oberschenkel fallen und halten Sie zunächst den Stockgriff nicht fest. Versuchen Sie, den Gehrhythmus ohne Stöcke beim normalen Gehen zu finden. Nachdem Sie den richtigen Rhythmus gefunden haben, halten Sie die Handgriffe locker fest und versuchen, mit der Nordic Walking-Technik zu gehen. Einer der schlimmsten Fehler beim Nordic Walking auf Asphalt besteht darin, dass man die Stöcke mit den Asphaltpads auf dem Asphalt nur hinter sich herzieht. Das hat zur Folge, dass die Asphaltpads vorzeitig abnutzen und der Walker eine mangelhafte Technik zeigt. Eine korrekte Trainingstechnik verlängert auch die Lebensdauer der Ausrüstung.

Technikfehler beim Nordic Walking (1-8)

Technikfehler werden in diesem Buch nicht behandelt, um Nordic Walker in der Anfangsphase des Trainings auszulachen oder zu verspotten, nur weil sie eine wie auf den folgenden Fotos dargestellte Gehtechnik praktizieren. Nordic Walking soll so betrieben werden, dass es Spaß macht und man sich dabei wohl fühlt. Durch korrektes Training können aber alle einen größeren Nutzen erzielen. Es ist schwer, etwas Neues anzufangen, wenn man keine Vorstellung von der falschen Technik hat. Auch falsche Vorbilder erweitern unsere Kenntnisse über die Nordic Walking-Technik.

1. Ein typischer Anfängerfehler ist der so genannte Passgang. Hier versucht der Nordic Walker, so zu gehen, dass sich das Bein und der Arm derselben Körperseite gleichzeitig als Paar nach vorne und hinten bewegen. Das Endresultat sieht sehr komisch aus.
   Korrigierende Übung: Rhythmusübung 8.

2. Die Stöcke befinden sich in einer zu geraden Position. Dabei ist es unmöglich, sich mit den Stöcken vorwärts zu schieben.
   Korrigierende Übung: Übung mit Armbewegungen und Schulterdrehung.

3. Die Stöcke befinden sich in einer zu geraden Position und sind zu nah am Körper. Die Bewegungsamplituden nach vorne und hinten sind zu klein.
   Korrigierende Übungen: Rhythmusübung 8 und Marschübung 2.

4. Der blinde Mann. Der Nordic Walker versucht, mit den Stocktellern nach vorne gerichtet, vorwärts zu kommen.
   Korrigierende Übungen: Rhythmusübung 8 und Armbewegungs- und Schulterdrehungsübung 6.

5. Der Körper befindet sich in einer ganz aufrechten Position. Wegen der kurzen Schritte ist der Bewegungsumfang der Arme zu klein.
   Korrigierende Übungen: Kurze und weite Bewegungsabläufe in Übung 10 und Stockschub an der Hüftlinie vorbei in Übung 11.

6. Der Körper befindet sich in einer aufrechten Position und die Arme sind gerade. Das Vorwärtskommen geschieht ruckartig und die tatsächlichen Bewegungsabläufe sind zu eng.
   Korrigierende Übungen: Übung 9, „das Vögelchen" in der Hand am Leben halten, Übung 10, kleine und große Bewegungsabläufe und Übung 11, Stockschub an der Hüfte vorbei.

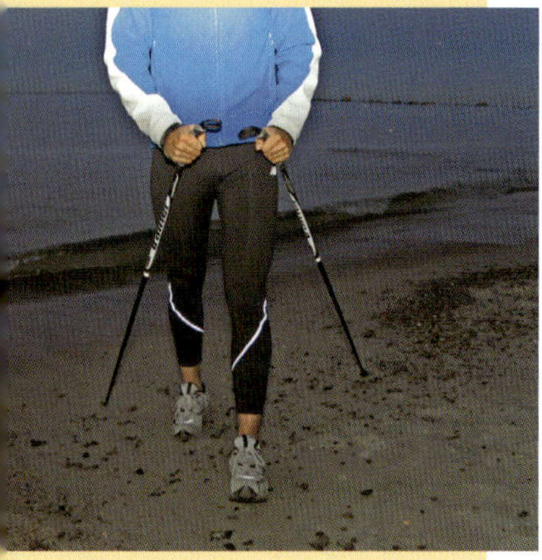

7. Die Arme kreuzen sich vor dem Körper.
   Korrigierende Übungen: Rhythmusübung 8 und Übung 6 für Armbewegungen und Schulterdrehung 6.

8. Die Arme öffnen sich in einer V-Form.
   Korrigierende Übungen: Rhythmusübung 8 und Übung 6 für Armbewegungen und Schulterdrehung.

Bitte beachten Sie Folgendes:

„Lassen Sie sich nicht von den Stöcken führen, sondern führen Sie die Stöcke!"

Richtig umgesetzte Anweisungen garantieren Ihnen leichte und erfolgreiche Nordic Walking–Erlebnisse. Ausserdem macht Nordic Walking Spass!

Die Sprache eines gesunden Körpers setzt sich aus geschmeidigen Muskeln und guter Stimmung zusammen.

WORKOUT MIT DEN STÖCKEN

Die Aufgabe des Workouts mit Stöcken besteht darin, die Gelenke und Muskeln für das Training vorzubereiten oder sie nach einem anstrengenden Training zu entspannen. Nordic Walking ist eine hervorragende Art des Gesundheitssports, weil man mithilfe eines Teils der Ausrüstung, d. h. mit den Stöcken, den ganzen Körper trainieren und die Beweglichkeit der Muskulatur verbessern kann.

Die Bewegungen des Workouts mit den Stöcken lassen sich wie folgt einteilen:

- Aufwärmübungen mit den Stöcken, die die Muskeln aufwärmen.
- Stockgymnastikübungen, die die Muskeln dehnen. Neben den oben geschilderten Übungen folgen noch einige kompliziertere Übungen.
- Kraft- und Koordinationsübungen.

AUFWÄRMÜBUNGEN VOR DEM NORDIC WALKING (1-15)

Die Aufwärmübungen vor dem Nordic Walking werden in zwei Gruppen eingeteilt, in Unterkörper- und Oberkörperübungen. Es gibt unterschiedliche Wahlmöglichkeiten. Verinnerlichen Sie die Übungen allmählich und in aller Ruhe. Wählen Sie vor dem Training für jede Muskelgruppe nur eine Übung aus. Die abwechselnde Durchführung unterschiedlicher Übungen vor verschiedenen Trainingseinheiten stimuliert und hält die Muskeln in besserer Verfassung.

Beispiele für die Übungsauswahl und die Reihenfolge:

1) Oberschenkel, Gesäßmuskeln, Waden 2) Rücken 3) Arme 4) Seitliche Muskulatur 5) Drehbewegungen.
Wiederholen Sie jede Übung entsprechend 5-15 x.

Das Ziel der Aufwärmübungen vor dem Nordic Walking besteht in Folgendem:

- Die Muskeln vor dem Training aufzuwärmen.
- Den Bewegungsumfang der Muskeln zu vergrößern.
- Eventuelle Verletzungen zu vermeiden.

Achtung!

Wenn Sie Kniebeugen machen, halten Sie den Rücken immer gerade und den Blick geradeaus nach vorne gerichtet. Die Kniescheiben sollen mit den Zehen in die gleiche Richtung weisen. Die Knie dürfen auf keinen Fall nach innen gedrückt werden. Falls dies dennoch passiert und Sie die Position nicht korrigieren können, lassen Sie die Kniebeugeübungen aus.

Unterkörper: (Oberschenkel, Gesässmuskeln, Waden)

1. Machen Sie Kniebeugen und stützen Sie sich dabei auf die Stöcke

Oberschenkel und Gesäßmuskeln

Die Stöcke vorne, der Rücken gerade und die Knie leicht gebeugt. Richten Sie den Blick nach vorne und führen Sie die gesamte Serie der Kniebeugen durch, indem Sie sich dabei stets auf die Stöcke stützen und Ihre Haltung kontrollieren. Wenn Sie bereits gut trainiert sind, können Sie tiefe Kniebeugen machen. Falls Sie mit dem Training erst begonnen haben, beenden Sie die Kniebeugen spätestens dann, wenn der Winkel zwischen dem Oberschenkel und dem Boden 90° beträgt.

2. Kniebeugen nach vorne

Oberschenkel und Gesäßmuskeln

Die Stöcke vorne auf der Brust. Der Rücken ist gerade, die Ellbogen sind geradeaus nach vorne gerichtet und die Knie leicht gebeugt. Führen Sie die gesamte Kniebeugenserie ohne Pausen aus, indem Sie dabei Ihre Haltung kontrollieren. Wenn Sie bereits länger im Training sind, können Sie tiefe Kniebeugen machen. Falls Sie mit dem Training erst begonnen haben, beenden Sie die Kniebeugen spätestens dann, wenn der Winkel zwischen dem Oberschenkel und dem Boden 90° beträgt.

3. Kniebeugen nach hinten

Oberschenkel und Gesäßmuskeln

Die Stöcke hinter dem Nacken auf den Schultern. Der Rücken ist gerade, die Ellbogen sind gerade nach unten gerichtet und die Knie leicht gebeugt. Führen Sie die gesamte Kniebeugenserie ohne Pausen durch, indem Sie dabei stets Ihre Haltung kontrollieren. Wenn Sie sich in guter Verfassung befinden, können Sie tiefe Kniebeugen machen. Falls Sie mit dem Training erst begonnen haben, beenden Sie die Kniebeugen spätestens dann, wenn der Winkel zwischen dem Oberschenkel und dem Boden 90° beträgt.

4. Kniebeugen mit Stöcken über dem Kopf

Oberschenkel und Gesäßmuskeln

Die Stöcke mit ausgestreckten Armen über dem Kopf halten. Der Rücken gerade, die Ellbogen sind gerade nach unten gerichtet und die Knie ein wenig gebeugt. Führen Sie die gesamte Kniebeugenserie ohne Pausen aus, indem Sie dabei stets Ihre Haltung kontrollieren. Versuchen Sie, von der Seite her betrachtet, die Stöcke mit den über dem Kopf ausgestreckten Armen an der Linie zwischen den Zehen und den Fersen zu halten. Beenden Sie die Abwärtsbewegung sofort, wenn Sie nicht mehr in der Lage sind, die Stöcke an dieser Linie zu halten. Wenn Sie gut trainiert sind, können Sie tiefe Kniebeugen machen. Falls Sie mit dem Training erst begonnen haben, beenden Sie die Kniebeugen spätestens dann, wenn der Winkel zwischen dem Oberschenkel und dem Boden 90° beträgt.

5. Ausfallschritt, auf die Stöcke gestützt

Oberschenkel und Gesäßmuskeln

Die Stöcke vorne, der Rücken gerade und die Knie ein wenig gebeugt. Richten Sie den Blick geradeaus nach vorne und machen Sie einen langen Schritt nach hinten und hocken Sie sich kontrolliert hin. Springen Sie auf, indem Sie sich auf die Stöcke stützen und wiederholen Sie die Übung mit dem anderen Bein. Führen Sie die gesamte Übungsserie ohne Pausen aus, indem Sie dabei stets Ihre Haltung kontrollieren. Wenn Sie schon länger Sport treiben, können Sie tiefe Kniebeugen machen. Falls Sie mit dem Training erst begonnen haben, beenden Sie die Kniebeugen spätestens dann, wenn der Winkel zwischen dem vorderen Oberschenkel und dem Boden 90° beträgt. Halten Sie in der unteren Stellung das vordere Bein geradeaus nach oben und beugen Sie den Oberkörper nach vorne.

6. Ausfallschritt zur Seite, Stöcke auf den Schultern

Oberschenkel und Gesäßmuskeln

Stellen Sie sich mit schulterbreit auseinander stehenden Füßen hin. Heben Sie die Stöcke auf die Schultern. Halten Sie den Rücken gerade und den Blick nach vorne gerichtet. Machen Sie in der Position eines Schlittschuhläufers Ausfallschritte in ruhigem Tempo von einem Fuß auf den anderen. Wenn Sie sehr sportlich sind, können Sie tiefe Kniebeugen machen. Falls Sie mit dem Training erst begonnen haben, beenden Sie die Kniebeugen spätestens dann, wenn der Winkel zwischen dem Oberschenkel und dem Boden 90° beträgt.

7. Abrollen von Ferse und Fußballen

Waden und Fußspitzen

Halten Sie die Stöcke vorne. Rollen Sie sich von den Fersen auf die Ballen und zurück, indem Sie sich dabei auf den Stöcken abstützen.

8. Kniebeugen in Kreuzrichtung

Oberschenkel und Gesäßmuskeln, der breite Rückenmuskel, Brust- und Schultermuskeln

Stellen Sie sich mit schulterbreit auseinander stehenden Füßen hin. Bringen Sie die Stöcke an die Seiten. Halten Sie den Rücken gerade und den Blick nach vorne gerichtet. Stützen Sie sich auf die Stöcke und machen Sie eine Kniebeuge in ruhigem Tempo. Wenn Sie schon länger trainieren, können Sie tiefe Kniebeugen machen. Falls Sie mit dem Training erst begonnen haben, beenden Sie die Kniebeugen spätestens dann, wenn der Winkel zwischen dem Oberschenkel und dem Boden 90° beträgt. Beim Aufstehen drücken Sie mit den Armen kräftig nach unten.

Oberkörper: (Arme, Nacken- und Schulterbereich, Rücken und seitlicher Bereich)

9. Die Stöcke nach oben heben

Nacken- und Schulterbereich

Die Stöcke vorne auf der Brust. Breiter Griff, die Handflächen zeigen nach vorne. Der Rücken gerade und die Knie ein wenig gebeugt. Bewegen Sie die Stöcke nach oben und unten. Falls Ihr Nacken- und Schulterbereich gut trainiert ist, können Sie die Stöcke abwechselnd hinter den Nacken und auf die Brust legen. Führen Sie die Übung mit geraden Armen durch.

10. Die Stöcke nach vorn schieben

Arme und Brust

Die Stöcke vorne auf der Brust, die Ellbogen nach außen gebeugt. Der Rücken gerade und die Knie ein wenig gebeugt. Breiter Griff, die Handflächen zeigen nach unten. Bewegen Sie die Stöcke nach vorne und hinten. Machen Sie die Übung mit geraden Armen.

11. Schulterzug.

Nacken- und Schulterbereich

Die Stöcke vorne auf den Oberschenkeln, Ellbogen an den Seiten. Der Rücken gerade und die Knie ein wenig gebeugt. Breiter Griff, die Handflächen zeigen gegen den Körper. Bewegen Sie die Stöcke eng am Körper vorbei nach unten und nach oben, fast bis zum Kinn. Halten Sie die Ellbogen während der ganzen Übung höher als die Stöcke.

12. Drehung des Oberkörpers I, die Stöcke auf den Schultern

Brustkorb

Die Stöcke hinter dem Rücken auf den Schulterblättern. Halten Sie die Stöcke fest und beugen dabei die Ellbogen nach außen. Der Rücken gerade und die Knie ein wenig gebeugt. Breiter Griff, die Handflächen zeigen nach vorne. Bewegen Sie die Hüfte nicht. Machen Sie Drehungen in ruhigem Tempo von einer Seite auf die andere. Richten Sie den Blick nach vorne auf einen festen Punkt.

13. Oberkörperdrehung II, die Stöcke auf den Schultern

Brustkorb, Hüfte

Die Stöcke hinter dem Rücken auf den Schulterblättern. Halten Sie die Stöcke fest und richten Sie dabei die Ellbogen nach außen. Breiter Griff, die Handflächen zeigen nach vorne. Der Rücken gerade und die Knie ein wenig gebeugt. Das Ziel ist, Drehungen mit weiteren Bewegungsamplituden als in der vorigen Übung auszuführen. Die Hüfte bewegt sich aktiv mit. Machen Sie die Bewegungen in ruhigem Tempo von einer Seite auf die andere.

14. Oberkörperdrehung III, die Stöcke auf den Schultern

Drehung des ganzen Körpers

Die Stöcke hinter dem Rücken auf den Schulterblättern. Halten Sie die Stöcke, mit den Ellbogen nach außen gebeugt, fest. Breiter Griff, Handflächen nach vorne. Der Rücken gerade und die Knie ein wenig gebeugt. Das Ziel ist, die Drehungen mit größeren Bewegungsamplituden als in der vorigen Übung auszuführen. Die Hüfte bewegt sich aktiv mit. Machen Sie die Drehung in ruhigem Tempo mit Seitenwechsel. Heben Sie am Ende der Übung die Ferse des gegenüberliegenden Fußes ein wenig ab und beenden Sie die Drehung auf dem Fußballen. Der Blick geht mit den Bewegungen mit.

15. Golfdrehung

Brustkorb, Hüfte

Die Stöcke hinter dem Rücken auf den Schulterblättern. Halten Sie die Stöcke fest, mit den Ellbogen nach außen gebeugt. Lehnen Sie sich nach vorne und halten Sie den Rücken gerade und die Knie ein wenig gebeugt. Breiter Griff, Handflächen nach vorne. Ziel ist, dem Golfschlag ähnliche Bewegungen nach vorne und hinten zu machen. Die Hüfte bewegt sich mit. Machen Sie die Drehungen in ruhigem Tempo mit Seitenwechsel. Halten Sie den Blick geradeaus auf den Boden, wie auf den „Golfball", gerichtet.

16. Körperdrehung vor dem Stock

Brustkorb, Brust, Hüfte

Die Stöcke vorne auf der Brust. Halten Sie die Stöcke mit breitem Griff fest und lehnen Sie sich nach vorne. Halten Sie den Rücken gerade und die Knie ein wenig gebeugt. Ziel ist, weite Körperdrehungen zu machen, sodass der untere Arm am Ende der Bewegung nach oben gedrückt wird, wodurch die Drehbewegung effizienter wird. Die Hüfte bewegt sich aktiv mit. Machen Sie die Drehungen in ruhigem Tempo mit Seitenwechsel. Heben Sie am Ende der Übung die Ferse des gegenüberliegenden Fußes ein wenig ab und beenden Sie die Drehung, indem Sie sich auf den Fußballen stützen. Der Blick geht mit den Bewegungen mit.

17. Seitlicher Bereich, Stöcke auf den Schultern

Stellen Sie sich mit schulterbreit auseinander stehenden Füßen auf. Heben Sie die Stöcke auf die Schultern. Machen Sie seitliche Dehnungen in ruhigem Tempo mit Seitenwechsel.

Stockgymnastik (1-24)

Die Stockgymnastikübungen sind in zwei Gruppen eingeteilt, in Unter- und Oberkörperübungen.

Das Ziel der Stockgymnastik vor und nach dem Nordic Walking ist:

- Die Muskelspannung zu vermindern.
- Sich abzukühlen.
- Sich zu entspannen.
- Muskelschmerzen vorzubeugen.

Wie soll man die Stockgymnastik ausführen?

- Dehnen Sie bis Sie in den Muskeln eine leichte Spannung spüren.
- Halten Sie die Dehnung 10-20 Sekunden, entspannen Sie sich für einen kurzen Augenblick, dehnen Sie sich wieder, aber ein bisschen mehr als vorher, und halten Sie die Dehnung wieder 10-20 Sekunden.
- Entspannen Sie sich.
- Machen Sie keine ruckartigen Bewegungen.
- Die Dehnungen dürfen nicht schmerzhaft sein. Falls Sie beim Dehnen Schmerzen spüren, hören Sie mit der Dehnung auf. Falls die Dehnung schmerzhaft ist, werden dadurch die gedehnten Muskeln nur steif.

Um aus dem Nordic Walking einen möglichst großen Nutzen zu ziehen, sollten Sie die Stockgymnastik als einen Teil des Nordic Walking-Trainings einsetzen. Es gibt verschiedene Übungsvarianten. Eignen Sie sich die Übungen allmählich und in aller Ruhe an. Wählen Sie vor dem Training pro Muskelgruppe nur eine Übung aus. Die abwechselnde Durchführung unterschiedlicher Übungen in verschiedenen Trainingseinheiten stimuliert und hält die Muskeln in besserem Zustand.

Beispiel für die Übungsauswahl und Reihenfolge der Durchführung: 1) Rückseiten der Oberschenkel 2) Vorderseiten der Oberschenkel 3) Waden 4) Gesäßmuskeln 5) Rücken 6) Arme 7) Seitlicher Bereich 8) Drehbewegungen.

Unterkörper:

(Oberschenkel, Waden, Gesässmuskeln)

1. Dehnung der Oberschenkelrückseite, auf die Stöcke gestützt

Stützen Sie sich mit beiden Händen auf die Stöcke und heben Sie einen Fuß mit einem ein wenig gebeugten Knie nach vorne. Halten Sie das Stemmbein ein wenig gebeugt und den Rücken gerade. Lehnen Sie sich nach vorne und richten Sie den Blick geradeaus nach vorne. Sie spüren die Dehnung in der Oberschenkelrückseite. Falls Sie sich noch mehr nach vorne beugen, wird die Dehnung effektiver.

2. Dehnung der Oberschenkelrückseite II, mit Druck der Stöcke auf das Bein

Heben Sie die Stöcke in eine horizontale Position und strecken Sie einen Fuß mit einem ein wenig gebeugten Knie nach vorne. Beugen Sie sich nach vorne und rollen Sie mit den Stöcken am Bein entlang nach unten. Halten Sie das Stemmbein ein wenig gebeugt und den Rücken gerade. Beugen Sie sich nach vorne und richten Sie mit geradem Rücken den Blick geradeaus nach vorne. Sie spüren die Dehnung in der Oberschenkelrückseite. Falls Sie sich noch mehr nach vorne beugen, spüren Sie eine effektivere Dehnung.

3. Dehnung der Beugemuskeln der Hüfte, auf die Stöcke gestützt

Stützen Sie sich mit beiden Händen auf die Stöcke. Machen Sie einen langen Ausfallschritt nach hinten. Halten Sie das vordere Bein vertikal nach oben. Drücken Sie die Hüfte nach unten und nach vorne. Sie spüren die Dehnung im vorderen Teil des Oberschenkels in der Nähe des Hüftbereichs.

4. Dehnung der Oberschenkelvorderseite, auf die Stöcke gestützt

Stützen Sie sich mit einer Hand auf die Stöcke. Ergreifen Sie hinter dem Rücken die Fußspitze des anderen Fußes und versuchen Sie, die Ferse an das Gesäß zu drücken. Halten Sie den Rücken gerade und die Knie zusammen. Sie spüren die Dehnung in der Oberschenkelvorderseite.

5. Dehnung der Oberschenkelvorderseite mithilfe der Stöcke

Intensivieren Sie die Dehnung der Oberschenkelvorderseite, indem Sie eine Ferse mit den Stöcken an das Gesäß ziehen. Halten Sie den Rücken gerade und die Knie zusammen. Sie spüren die Dehnung in der Oberschenkelvorderseite. Bei dieser Übung ist es erforderlich, dass Sie das Gleichgewicht halten können. Gleichzeitig wird das Gleichgewicht durch diese Übung trainiert.

6. Dehnung der Waden gegen die Stöcke

Bringen Sie die Stöcke nach vorne und stützen Sie die ganze Fußsohle gegen den Stock. Halten Sie das Stemmbein und das zu dehnende Bein an den Knien ein wenig gebeugt. Drücken Sie die Hüfte nach vorne und ziehen Sie die Stöcke zu sich. Sie spüren die Dehnung in den Wadenmuskeln.

7. Dehnung der Oberschenkelinnenseite, auf die Stöcke gestützt

Stellen Sie sich mit in Schulterbreite auseinander gespreizten Beinen auf. Stützen Sie sich mit einer Hand auf die Stöcke. Halten Sie den Rücken gerade und den Blick nach vorne gerichtet. Machen Sie Kniebeugen in ruhigem Tempo, zuerst mit dem einen und danach mit dem anderen Bein. Drücken Sie das zur Seite ausgestreckte Bein nach unten. Sie spüren die Dehnung in der Innenseite des Oberschenkels.

8. Dehnung des Schenkelbeuger- und des Hüftbereichs, auf die Stöcke gestützt

Stützen Sie sich mit einer Hand auf die Stöcke. Stellen Sie sich mit schulterbreit auseinander stehenden Beinen auf. Halten Sie den Rücken gerade und drücken Sie die Hüfte nach unten in die Mitte. Sie spüren die Dehnung in der Innenseite der Oberschenkel und in den Schenkelbeugern.

9. Dehnung der Gesäßmuskeln, stehend und auf die Stöcke gestützt

Stützen Sie sich mit einer Hand auf die Stöcke. Legen Sie die Ferse des einen Fußes auf das Knie des anderen Beines. Halten Sie den Rücken gerade und geben Sie am Knie des Stemmbeines ein wenig nach und neigen Sie sich nach vorne.

OBERKÖRPER: (ARME, SCHULTERN, BRUST, RÜCKEN, SEITLICHER BEREICH)

10. Stockdrehungen
Stellen Sie sich mit schulterbreit auseinander stehenden Beinen auf und beugen Sie dabei ein wenig die Knie. Halten Sie sich mit einem breiten Griff an den Stöcken fest und machen Sie weite Drehbewegungen vom Bauchbereich zum Rückenbereich. Machen Sie die Drehungen in beide Richtungen. Die Übung ist effektiver, wenn Sie die Arme gerade halten.

11. Dehnungsbewegungen nach hinten. Rücken- und Brustmuskeln
Stellen Sie sich mit schulterbreit auseinander stehenden Beinen auf und beugen dabei die Knie ein wenig. Ergreifen Sie mit einem breiten Griff beide Stockenden und beugen Sie sich mit geraden Armen nach hinten. Sie spüren die Dehnung in den großen Schultermuskeln und in den Brustmuskeln.

12. Dehnung der Schultermuskeln, auf die Stöcke gestützt
Stellen Sie sich mit schulterbreit auseinander stehenden Beinen auf und beugen dabei die Knie ein wenig. Halten Sie die Fußspitzen, Knie und den Blick in der gleichen Richtung geradeaus. Stellen Sie die Stöcke auf die andere Körperseite, stützen Sie sich auf die Stöcke und drücken Sie sich nach unten. Sie spüren die Dehnung in den Schultermuskeln.

13. Dehnung der breiten Rückenmuskeln, auf die Stöcke gestützt
Stellen Sie sich mit schulterbreit auseinander stehenden Beinen auf. Beugen Sie sich nach vorne und geben Sie an den Knien etwas nach. Stützen Sie sich mit geraden Armen auf die Stöcke und drücken Sie die Schultern nach unten. Sie spüren die Dehnung in den breiten Rückenmuskeln und in den Brustmuskeln.

14. Oberkörperdrehungen, Stöcke hinter dem Rücken

Stellen Sie sich mit schulterbreit auseinander stehenden Beinen auf und bringen Sie die Stöcke hinten auf die Schulterblätter. Halten Sie sich an den Stöcken fest, die Ellbogen nach außen gebeugt, breiter Griff, Handteller nach vorne. Halten Sie den Rücken gerade und die Knie etwas gebeugt. Das Ziel ist, weitere Drehungen zu machen als in der vorigen Übung. Die Hüfte bewegt sich aktiv mit. Machen Sie die Drehungen in ruhigem Tempo von einer Seite auf die andere.

15. Dehnung des Armstreckers

Stellen Sie sich mit schulterbreit auseinander stehenden Beinen auf und halten Sie dabei die Knie etwas gebeugt. Halten Sie den Ellbogen des oberen Arms neben dem Kopf und ziehen Sie mit dem unteren Arm die Stöcke nach unten. Sie spüren die Dehnung in den Streckmuskeln des oberen Arms.

16. Dehnung der seitlichen Partien, Stöcke in nach oben ausgestreckten Händen

Stehen Sie mit den Füßen schulterbreit auf dem Boden. Halten Sie beide Stockenden fest und heben Sie die Stöcke mit ausgestreckten Armen über Ihren Kopf. Machen Sie Dehnungen in ruhigem Tempo mit Seitenwechsel.

17. Dehnung der Beugemuskeln der Arme

Stellen Sie sich mit schulterbreit auseinander stehenden Beinen auf. Bringen Sie die Stöcke mit einer Hand nach hinten. Halten Sie den Arm gerade und beugen Sie den Oberkörper nach vorne, bis Sie die Dehnung der Beugemuskeln des Arms spüren.

18. Dehnung der langen Rückenmuskeln mit den Stöcken hinter den Kniekehlen und mit rundem Rücken

Stellen Sie sich mit schulterbreit auseinander stehenden Beinen auf. Halten Sie die Knie etwas gebeugt. Bringen Sie die Stöcke hinter die Kniekehlen und machen Sie einen „Katzenbuckel". Sie spüren die Dehnung in den langen, vertikalen Rückenmuskeln.

19. Dehnung der oberen Rückenpartie, „Über den Balkonrand Schauen"

Stellen Sie sich mit schulterbreit stehenden Beinen auf. Halten Sie die Knie ein wenig gebeugt. Bringen Sie die Stöcke unter das Kinn und drücken Sie das Kinn in Brustrichtung. Sie spüren die Dehnung in den langen, vertikalen Schultermuskeln.

20. Zusammenziehen der Schulterblätter

Stellen Sie sich mit schulterbreit stehenden Beinen auf. Halten Sie die Knie etwas gebeugt. Ergreifen Sie hinter Ihrem Rücken mit einem schulterbreiten Griff die Stöcke und bewegen Sie diese mit nach außen gebeugten Ellbogen nach oben und nach unten. Sie spüren die Bewegung und die Dehnung in den Schulterblättern.

21. Rollende Bewegungen der Schultern, Stöcke hinter dem Rücken

Stellen Sie sich mit schulterbreit stehenden Beinen auf. Halten Sie die Knie etwas gebeugt. Ergreifen Sie hinter Ihrem Rücken die Stöcke mit einem schulterbreiten Griff und machen Sie rollende Bewegungen mit den Schultern von vorne nach hinten. Diese Übung entspannt die Muskeln des Nacken- und Schulterbereichs.

22. Rollende Bewegungen der Schultern, Stöcke vorne

Stellen Sie sich mit schulterbreit stehenden Beinen auf. Halten Sie die Knie etwas gebeugt. Ergreifen Sie hinter Ihrem Rücken die Stöcke mit einem schulterbreiten Griff und machen Sie rollende Bewegungen mit den Schultern von hinten nach vorne. Diese Übung entspannt die Muskeln des Nacken- und Schulterbereichs.

23. Dehnung der Schulterblätter, Beugung mit den Stöcken über dem Kopf

Stellen Sie sich mit schulterbreit stehenden Beinen auf. Halten Sie die Knie etwas gebeugt. Ergreifen Sie hinter Ihrem Rücken die Stöcke mit einem schulterbreiten Griff, beugen Sie sich nach vorne und bewegen Sie die Stöcke hinter Ihrem Rücken gleichzeitig nach vorne. Die Übung entspannt die Schulterblätter und dehnt den Nacken- und Schulterbereich.

24. Dehnung der Brustmuskulatur durch Drehbewegungen mit Stöcken

Stellen Sie sich mit schulterbreit stehenden Beinen auf. Halten Sie die Knie etwas gebeugt. Ergreifen Sie beide Stockenden. Das Ziel ist, so weite Drehbewegungen zu machen, dass am Ende der Drehung diese durch Drücken mit dem hinteren Arm intensiviert wird. Die Hüfte dreht aktiv mit. Machen Sie die Drehungen in ruhigem Tempo mit Seitenwechsel. Heben Sie am Ende der Übung die Ferse des anderen Beins ein wenig vom Boden ab und schließen Sie die Drehung ab, indem Sie sich auf den Fußballen stützen. Der Blick geht mit der Drehbewegung mit.

Kräftigungs-, Koordinations- und Aufwärmübungen

Die Kräftigungs-, Koordinations- und Aufwärmübungen eignen sich am besten für Aktivsportler. Mit den mithilfe der Stöcke durchgeführten Kräftigungs-, Koordinations- und Aufwärmübungen kann man äußerst effektiv die Muskulatur des Ober- und Unterkörpers kräftigen. Bei den folgenden Übungen wird das eigene Körpergewicht als Widerstand genutzt und die Stöcke dienen als Hilfsmittel. Die Ausführung dieser Übungen erfordert große Aufmerksamkeit und Sorgfalt.

1. Stöße im Langlaufstil

Arme, Rücken, Brust, Schultern, Bauch- und Rückenmuskulatur

Stützen Sie die Stöcke hinter Ihrem Rücken in den Boden. Bringen Sie die Fersen weit nach vorne. Lassen Sie sich, auf die Hände gestützt, nach hinten sinken. Beginnen Sie die Übung mit der Hüfte vorne und halten Sie den mittleren Teil des Körpers straff. Ziehen Sie mit den Händen und wenn Sie an den Stöcken vorbeigehen, stemmen Sie sich nach oben.

2. Liegestütz mit den Stöcken

Brust, Arme, Bauch- und Rückenmuskulatur

Stützen Sie die Stöcke in Schulterbreite vor sich auf. Bringen Sie die Beine weit nach hinten, stützen Sie sich auf die Stöcke mit nach außen gebogenen Ellbogen. Stemmen Sie sich aus dieser Position hoch.

3. Grätschsprung mit Stöcken

Stellen Sie sich mit schulterbreit stehenden Beinen auf. Halten Sie die Knie etwas gebeugt. Stemmen Sie sich aus dieser Position in einen Grätschsprung und drücken Sie sich am Ende des Sprungs mit einem Armstoß nach oben. Sie werden erstaunliche Höhen erreichen.

4. Sprung mit Stöcken

Stellen Sie sich mit schulterbreit stehenden Beinen auf. Halten Sie die Knie etwas gebeugt. Stemmen Sie sich aus dieser Position in einen kräftigen Sprung nach oben und drücken Sie sich noch am Ende des Sprungs mit einem Armstoß höher nach oben. Sie werden erstaunliche Höhen erreichen.

5. Stocktrick

Umfassender Biegsamkeitstest für Nacken- und Schulterbereich, Schulterblätter, Rücken und Beine

Ergreifen Sie die Stöcke mit einem Gegengriff vor Ihrem Körper und treten Sie über die Stöcke, ohne sie loszulassen. Bringen Sie die Stöcke, ohne sie loszulassen, von der Position hinter dem Rücken nach vorne. Treten Sie jetzt wieder über die Stöcke, ohne sie loszulassen. Wenn Sie das zweite Mal mit den Stöcken hinter Ihrem Rücken stehen, haben Sie diesen Stocktrick erfolgreich durchgeführt.

Schneller Start, Aufwärmübungen und Workout mit Stöcken (1-8)

Die Schnellstartübungen ermöglichen es Ihnen, Ihr Nordic Walking-Training mit einem schnellen Start zu beginnen. Später können Sie sich allmählich auf das exaktere Planen des Stockgymnastikteils Ihres Nordic Walking-Trainings konzentrieren.

1. Kniebeugen auf die Stöcke gestützt

5-15 Wiederholungen

Die Stöcke vorne, Rücken gerade und die Knie etwas gebeugt. Halten Sie den Blick nach vorne und machen Sie, auf die Stöcke gestützt, die gesamte Serie von Kniebeugen ohne Pausen. Kontrollieren Sie dabei Ihre Körperhaltung. Wenn Sie gut trainiert sind, können Sie tiefe Kniebeugen machen. Falls Sie mit dem Training erst begonnen haben, beenden Sie die Kniebeugen spätestens dann, wenn der Winkel zwischen dem Oberschenkel und dem Boden 90° beträgt.

2. Stockschübe abwechselnd mit beiden Händen auf der Stelle

20 Wiederholungen (10 und 10)

Stellen Sie sich mit schulterbreit stehenden Beinen auf. Halten Sie die Knie etwas gebeugt. Halten Sie die Stöcke in der Mitte fest und machen Sie entspannte Stockschubbewegungen nach vorne und hinten.

3. Öffnen des Brustkorbs

5-15 Wiederholungen

Stellen Sie sich mit schulterbreit stehenden Beinen auf. Halten Sie die Knie etwas gebeugt und den Rücken gerade. Bringen Sie die Stöcke von vorne zur Seite nach hinten und zurück.

4. Stöße nach oben

5-15 Wiederholungen

Halten Sie die Stöcke vorne auf der Brust. Breiter Griff, Handflächen nach vorne. Der Rücken ist gerade und die Knie etwas gebeugt. Bewegen Sie die Stöcke nach oben und unten. Falls Ihr Schulterbereich gut trainiert ist, können Sie die Stöcke abwechselnd hinter dem Kopf nach unten oder vor die Brust nach unten bringen. Führen Sie die Übung mit ausgestreckten Armen aus.

5. Dehnung der breiten Rückenmuskeln

20 Sekunden

Stellen Sie sich mit schulterbreit stehenden Beinen auf. Beugen Sie sich ein wenig nach vorne und halten Sie die Knie etwas gebeugt. Bringen Sie die Stöcke nach vorn und stützen Sie sich mit geraden Armen auf die Stöcke und drücken Sie die Schultern nach unten. Sie spüren die Dehnung in den breiten Schultermuskeln und in den Brustmuskeln.

6. Dehnung der Beugemuskeln der Hüfte

20 Sekunden/Seite

Stützen Sie sich mit beiden Händen auf die Stöcke. Machen Sie einen langen Schritt nach hinten. Halten Sie den vorderen Unterschenkel senkrecht. Drücken Sie die Hüfte nach unten und vorne. Sie spüren die Dehnung in der Oberschenkelvorderseite im Hüftbereich.

7. Dehnung der Gesäßmuskeln, sitzend oder stehend

20 Sekunden/Seite

Stützen Sie sich mit einer Hand auf die Stöcke. Heben Sie die Ferse auf das Knie des einen Fußes. Halten Sie den Rücken gerade, geben Sie etwas am Knie des Stemmbeins nach und beugen Sie sich nach vorne. Diese Übung können Sie auch auf einer Bank sitzend durchführen.

8. Dehnung der Waden

20 Sekunden/Wade

Bringen Sie die Stöcke nach vorne und stützen Sie sich mit der ganzen Fußsohle auf den Stock. Halten Sie das Knie des Stemmbeins und des zu dehnenden Beins ein wenig gebeugt. Drücken Sie die Hüfte nach vorne und ziehen Sie die Stöcke zu sich. Sie spüren die Dehnung in den Wadenmuskeln.

- Führen Sie Stockdehnungen und das Stock-Workout immer vor und nach dem Nordic Walking durch.
- Führen Sie die Stockgymnastikbewegungen mit korrekter Technik und sorgfältig durch.
- Steigern Sie die Wiederholungen der Übungen gemäß Ihrer Fortschritte beim Training.
- Führen Sie Stockgymnastikübungen als Abwechslung auch in der Mitte des Trainings durch.

Wasser ist das älteste Arzneimittel des Menschen

ERNÄHRUNG UND FLÜSSIGKEITSVERBRAUCH DES NORDIC WALKERS

In der Welt gibt es eine große Anzahl an unterschiedlichen Diäten und Empfehlungen, was man essen und trinken soll. Das Wesentliche, was ich aus meinen Erfahrungen gelernt habe, ist, dass reine, leichte und natürliche Lebensmittel die beste Quelle für Energie und Wohlbefinden sind. Außerdem sind alle Extreme stets schädlich für den Menschen.

Stark verarbeitete Lebensmittel wie Weißbrot, weißer Zucker, fettes Fleisch, Süßigkeiten, Kuchen usw. wirken sich negativ auf Ihren Energiezustand aus und machen Sie müde. Ich glaube, dass Sie die Liste der ermüdenden Lebensmittel auch selbst verlängern können.

Energiegebend, aber nicht ermüdend, sind zum Beispiel Hühnerfleisch, Fisch und andere Meeresfrüchte, Gemüse und Obst und organische, also möglichst wenig verarbeitete Getreideerzeugnisse. Der ausreichende Verbrauch von fettarmen Milchprodukten ergänzt die obige Energieliste.

Eine äußerst wichtige Rolle spielt das Wasser. Ohne Essen kommen wir längere Zeiten aus, aber ohne Wasser (Flüssigkeit) sterben wir bald an Durst. Der Organismus braucht Wasser unter anderem zur:

- Verdauung,
- Absorption der Nährstoffe,
- Kreislauf,
- Entfernung der Reststoffe,
- Zuführung der Nährstoffe,
- Bewahrung der Körperwärme und für die
- normalen Zellfunktionen.

Vergessen Sie nicht, ausreichend Flüssigkeit, insbesondere Wasser, zu sich zu nehmen.

Mein Ratschlag lautet:

- Essen Sie unbehandelte, frische und möglichst natürliche Lebensmittel.
- Essen Sie jeden Tag rohes Gemüse und Obst. Essen Sie Obst zwei oder drei Stunden vor oder nach der Mahlzeit.
- Verwenden Sie fettarme Milchprodukte (falls Sie Milchprodukte zu sich nehmen können).
- Trinken Sie viel Wasser.
- Verwenden Sie möglichst wenig Fett. Der Organismus braucht Fett, aber nicht mit jedem Bissen.
- Essen Sie möglichst wenig zuckerhaltige Süßigkeiten.
- Hören Sie mit dem Essen auf, bevor Sie völlig satt sind.

Nehmen Sie alle Mahlzeiten genussvoll zu sich. Ab und zu können Sie auch etwas Süßes essen. Manchmal lohnt es sich, von der alltäglichen Diät ein wenig abzuweichen, damit der Wunsch nach etwas Leckerem Sie nicht ständig belastet.

Gutes Essen ist auch ein Genuss für die Augen.

Die Planung des eigenen Lebens vermittelt neue Impulse

TRAININGSPLANUNG

Wenn man durch Sport Ergebnisse erzielen möchte, muss man dieselben Prinzipien wie auch sonst im Leben berücksichtigen. Erforderlich sind Training, Erfahrungen und Lernen. Falls Sie gut lesen, rechnen oder zeichnen lernen möchten, müssen Sie viel üben. Einige Menschen sind begabter als die anderen, und diejenigen, die weniger talentiert sind, müssen mehr als die Begabten trainieren, um ein gutes Niveau zu erreichen. Die Belohnung für die Arbeit erhalten jedoch beide. Wenn Sie über eine gute Kondition verfügen möchten, müssen Sie trainieren, um das Ziel zu erreichen. Vergleichen Sie Ihre Kondition nicht mit der anderer oder versuchen Sie nicht, mit anderen zu konkurrieren. Konzentrieren Sie sich auf Ihr eigenes Training, auf die Verbesserung Ihrer eigenen Kondition. Bevor Sie aber mit dem Training anfangen, ist es empfehlenswert, die folgenden Abschnitte sorgfältig durchzulesen.

Am Anfang des Abschnitts über die Trainingsplanung behandeln wir zuerst die einfache Durchführung des Planens. Wir programmieren unser Leben die ganze Zeit. Im Folgenden werden zwei Dreiecke mit den Grundpfeilern unseres Lebens dargestellt. Das erste Dreieck umfasst alle wichtigen sozialen Beziehungen unseres Alltagslebens, die sich auf unsere psychische Gesundheit auswirken. Falls von diesen drei Grundpfeilern einer sich nicht in einem aus unserem Blickwinkel zufrieden stellenden Zustand befindet, sinkt unsere geistige Leistungsfähigkeit ab und macht uns müde. Dasselbe gilt auch für die Grundpfeiler unserer körperlichen Verfassung – Bewegung, Ernährung und Erholung. Wenn wir auch nur einen dieser Grundpfeiler vernachlässigen, wirkt sich dies negativ auf unsere Fitness aus.

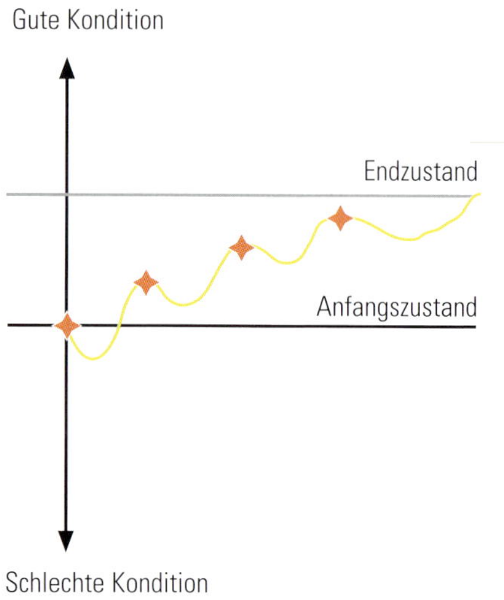

Entwicklung der Fitness I

In nebenstehendem Diagramm wird die Verbesserung unserer Fitness vereinfacht dargestellt. Der Punkt mit dem Sternchen markiert den Zeitpunkt des Trainingsbeginns und das derzeitige Niveau der Kondition. Im Laufe des Trainings steigt das Konditionsniveau nicht, sondern die Kondition „verschlechtert sich". Sie befinden sich also in einer schlechteren Verfassung nach dem Training als zuvor. Das Ziel der Übungen liegt darin, Ihre Atem- und Kreislauforgane und Ihre Muskeln zu stimulieren. Falls Ihr Organismus nach dem Training genügend Nahrung und Erholung bekommt, regeneriert er seinen Zustand „wegen der Anstrengung verärgert" immer auf die nächsthöhere Stufe. Über Nacht verändert sich nichts. Für bleibende Veränderungen muss man den Körper regelmäßig trainieren.

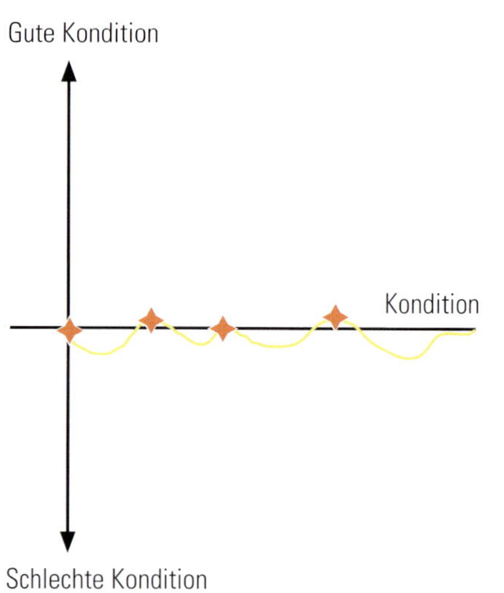

Entwicklung der Fitness II

In nebenstehendem Diagramm wird gezeigt, was mit Ihrer körperlichen Konstitution passiert, wenn Sie 1) das Nahrungs- und Erholungsbedürfnis zwischen den Trainingseinheiten vernachlässigen oder 2) ständig mit höchster Intensität trainieren oder 3) zu selten mit der Begründung „1 x im Jahr, aber regelmäßig" trainieren. In allen diesen Fällen besteht die Gefahr, dass Ihre Kondition sich nicht wesentlich oder zu langsam verbessert. Es kann sogar vorkommen, dass Ihre Kondition sich als Folge zu intensiven oder seltenen Trainings verschlechtert. Was heißt das? Sich in ruhigem Tempo und regelmäßig zu bewegen, verbessert Ihre Kondition. Unterschätzen Sie dabei aber die Bedeutung eines „Diesels" nicht. Der mit dem Sternchen angedeutete Punkt bezeichnet den Zeitpunkt des Trainingsbeginns und das Niveau der entsprechenden körperlichen Verfassung.

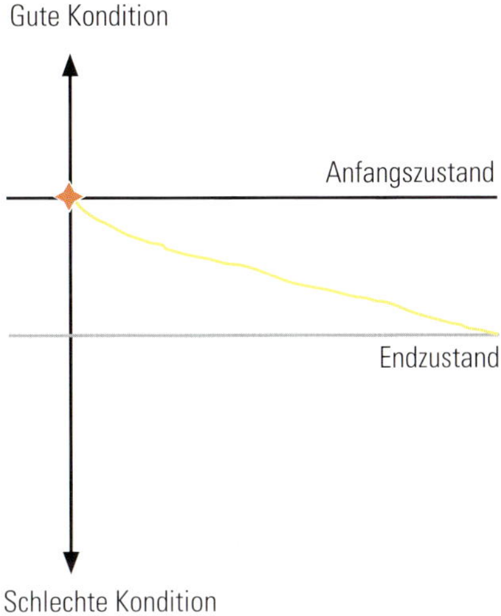

Entwicklung der Fitness III

Aus nebenstehendem Bild ist ersichtlich, was mit Ihrer Fitness passiert, wenn Sie sich körperlich überhaupt nicht belasten. Dann befindet sich Ihre Konditionskurve ohne weiteres auf der Minusseite.

DREIECK DER GEISTIGEN LEISTUNGSFÄHIGKEIT

DREIECK DER KÖRPERLICHEN LEISTUNGSFÄHIGKEIT

In welcher körperlichen Verfassung befinden Sie sich jetzt?

- Falls Sie schon über 35 Jahre alt sind und seit Jahren kein aktives Training durchgeführt haben und falls Sie Übergewicht haben oder sich sonst nicht im Klaren über Ihren Gesundheitszustand sind, ist eine Gesundheitskontrolle vor dem Beginn des regelmäßigen Trainings immer empfehlenswert.
- Beachten Sie bitte, dass eine ärztliche Kontrolle kein Fitnesstest ist und dass ein Fitnesstest keine Gesundheitskontrolle ist.
- In diesem Buch wurde Ihnen schon der Gehtest vorgestellt. Der Gehtest ist eine einfache und verhältnismäßig sichere Methode zur Ermittlung Ihres jetzigen Fitnessniveaus. Sie können den Test durchführen, wenn Sie Ihre Gesundheit einem Check-up unterzogen haben.

Wie oft sollen Sie trainieren?

- Die Grundregel ist, dass ein einmaliges Training in der Woche, wobei Sie etwas außer Atem und ins Schwitzen kommen und das ohne Pausen 30 Minuten oder etwas länger dauert, Ihre jetzige Kondition stabilisiert.
- Training 2 x in der Woche verbessert Ihre Fitness.
- Training 3 x in der Woche verbessert Ihre Fitness schon bedeutend.
- Die oben erwähnten Grundregeln gelten sowohl für die Ausdauer als auch für die Muskulatur.

Mit welcher Intensität sollten Sie trainieren?

- Die beste Trainingsintensität für Anfänger lässt sich mit folgender Formel umschreiben: SSRK- = Sie sollen reden können. Wenn man dem oben erwähnten Motto noch „ohne Pusten" (SSRKoP) hinzufügt, ist Ihr Trainingsniveau risikolos und verbessert Ihre Kondition. Als zusätzliches Merkmal könnte man noch ein gleichmäßiges Tempo erwähnen (GT).
- Für Fitnesssportler ist die SP-Regel am geeignetsten – Schwitzen und Pusten. Wenn man dazu noch bei guter

Laune (GL) hinzufügt, sind das die Kennzeichen eines konditionsverbessernden Nordic Walking-Trainings. Als zusätzliches Merkmal könnte man auch hier ein gleichmäßiges Tempo erwähnen (GT).Die in gleichmäßigem Tempo ausgeführten Übungen kann man bei Fitnesssportlern noch in zwei Kategorien einteilen: in schwere und leichte Übungen (GT leicht/GT schwer). Bei den beiden Übungen bewegt man sich in gleichmäßigem Tempo, aber bei GT schwer ist die Intensität oder das Tempo höher.

- Für Aktivsportler gibt es schon wegen des besseren Muskelzustandes und der größeren Ausdauer mehrere alternative Trainingsschwierigkeitsgrade. Als zusätzliche Übungen darf der Aktivsportler im Vergleich zu den beiden oben erwähnten Niveaus (Anfänger und Fitnesssportler) auch die schnelleren Tempoübungen (ST) und die so genannten Intervallübungen (IÜ) durchführen. Das Tempotraining (TT) ist ein Teil des Trainings in gleichmäßigem Tempo (GT). Zum Beispiel GT schnell 45 Minuten. Es wird während dieser Zeit 3 x 2 Minuten TT bergauf gegangen. Während des Trainings geht man also 3 x bergauf mit großer Geschwindigkeit und Intensität. Intervalltraining (IT) kann man mit so genanntem natürlichen Tempo oder unter Einhaltung einer Zeitgrenze betreiben. Die natürlichen Intervalle lassen sich in hügeligem Gelände leicht durchführen. In flachem Gelände bewegt man sich entweder im Tempo GT leicht oder GT schwer und bergauf geht man mit hoher Intensität. Das Intervalltraining mit Zeitgrenze kann in verschiedenen Variationen durchgeführt werden. Die Hauptstruktur des Intervalltrainings mit Zeitgrenze besteht zum Beispiel aus folgenden Phasen: aus drei Minuten Nordic Walking GT leicht und aus einer Minute intensivem Gehen. Danach wieder drei Minuten leichtes Nordic Walking in leichtem Tempo und eine Minute intensives Gehen usw. bis zum Ende der Trainingseinheit von 45 Minuten. Als Intervalltraining können beim Nordic Walking zum Beispiel auch zwanzig kräftige Stockschübe mit zehn Wiederholungen während des Trainings eingesetzt werden. Diese Trainingseinheit sieht wie folgt aus: GT leicht fünf Kilometer und während dieser Zeit 10 x 20 intensive Stockschubphasen.

Wann ist es vernünftig, das Nordic Walking-Training auszulassen?

Wenn Sie sich sehr müde fühlen, Fieber, eine Grippe, Husten usw. haben, ist es besser, das Nordic Walking-Training auszulassen. Andernfalls kann die Krankheit länger dauern, sich Ihr Gesundheitszustand erheblich verschlechtern oder im schlimmsten Fall kann es zu einer ernsthaften Komplikation führen. Fangen Sie nach einer solchen Pause vorsichtig mit dem Training an, also erst dann, wenn Sie sich drei Tage gesund und munter gefühlt haben.

Gelände

Eine gute Möglichkeit, die Belastung, d. h. die Intensität beim Betreiben des Nordic Walkings zu kontrollieren, ist die Wahl des Geländes für Ihr Nordic Walking-Training. Aus Tabelle 5 ist der Einfluss der Geländebeschaffenheit auf die Belastung beim Nordic Walking ersichtlich.

Tabelle 5. Intensität des Nordic Walking-Trainings/Einfluss des Geländes auf die Belastung

Gelände	Ebenes Gelände	Abwechselndes Gelände	Hügeliges Gelände	Steiles Gelände (zum Beispiel Gebirge)
Bestimmung des Niveaus des Sportlers	Gesundheitssportler/Fitnesssportler	Gesundheitssportler/Fitnesssportler	Fitnessportler/ Aktivsportler	Aktivsportler
Trainingsintensität				
Pulsschläge / min	105–115	115–140	140–165	Über 165

Wie lange sollen Sie auf einmal trainieren?

- Eine halbe Stunde Nordic Walking ohne Pausen kann als die Ausgangsdauer bei einer Trainingseinheit betrachtet werden. Wenn Sie auch Stockgymnastik vor und nach dem Nordic Walking mitrechnen, beträgt die Gesamtlänge der Trainingseinheit 45 Minuten.
- Falls Sie sich schon auf der Ebene eines Fitnesssportlers befinden, können Sie eine längere Nordic Walking-Trainingseinheit in Ihr Programm aufnehmen. Die Dauer einer Trainingseinheit beträgt dabei 1-1,5 Stunden.
- Wenn Sie als Aktivsportler trainieren, kann die längere Trainingseinheit sogar 2-3 Stunden dauern.

Planung des Trainingsprogramms

Es ist leicht für Sie, die Planung Ihres Nordic Walking-Trainingsprogramms mithilfe der Tabellen 8-11 zu beginnen. Das Ziel der Vorplanung des Trainingsprogramms besteht darin, Sie auf dem richtigen Kurs zu halten, was am besten durch das Wort „Regelmäßigkeit" charakterisiert wird. Die Planung hilft Ihnen auch bei der Festlegung Ihrer Trainingsziele. Ihre Einstellung zum Nordic Walking darf aber nicht durch Zwang geprägt sein, sondern Sie sollen jede Trainingseinheit mit Freude durchführen. Beachten Sie, dass man manchmal auch langsam gehen und diesen Zustand genießen muss. Ungeachtet Ihrer körperlichen Fitness sollen Sie sich nicht immer mit Hochgeschwindigkeit im gleichen Tempo bewegen. Wenn Sie sich müde fühlen, bewirkt ruhiges, die Stimmung positiv beeinflussendes Training viel mehr als eine harte und anstrengende Trainingseinheit. Vergessen Sie nicht, dass man auch mit den meisten und schnellsten Laufkilometern den Wettbewerb nicht immer unbedingt gewinnt. Ein kluger Mensch weiß, wann er sich ausruhen muss, aber er verpasst seine Chancen auch nicht. Lernen Sie, auf Ihre innere Stimme zu hören, lassen Sie aber die Faulheit nicht siegen. Es ist schwer, das Gleichgewicht zwischen der richtigen Müdigkeit, Faulheit und Bequemlichkeit zu bewahren. Wenn Sie entschlossen sind, kommen mit Sicherheit Tage, an denen Sie fühlen, dass Sie das Tempo unendlich erhöhen können, ohne irgendwelche Zeichen

von Müdigkeit zu spüren. Genießen Sie dann dieses Gefühl aus ganzem Herzen!

Die Antwort auf die Frage: „Wie oft soll man Nordic Walking betreiben?“ finden Sie in Tabelle 7. Wenn Sie es nicht gewohnt sind, regelmäßig zu trainieren und Ihre Bewegungsaktivität sich in der Praxis auf Niveau null befindet (siehe Tabelle 6), empfiehlt es sich auf keinen Fall, Nordic Walking gleich von Anfang an 4 x in der Woche zu betreiben. Die Resultate werden mit Sicherheit wie folgt ausfallen:

- Unerträglich schmerzhafte Muskeln.
- Keine Begeisterung durch Bewegungsaktivität und Training.

Beachten Sie bitte, dass Regelmäßigkeit auf der Ebene des Gesundheitssportlers bereits eine geplante Trainingseinheit in der Woche bedeutet. Also eine Bewegungseinheit pro Woche. Wächst die Begeisterung, kann man durchaus eine Trainingseinheit hinzuzufügen. Um eine kontinuierliche Bewegungsaktivität sicherzustellen, empfiehlt es sich, nach einer langen Nullperiode lieber eine als zwei Trainingseinheiten pro Woche durchzuführen. Zwei Nordic Walking-Trainingseinheiten in der Woche können am Anfang zu viel sein.

Auf der Ebene des Fitnesssportlers sind Sie schon daran gewöhnt, mindestens zwei Mal in der Woche zu trainieren. Vor der Erhöhung der Trainingseinheiten sollten Sie darüber nachdenken, ob Sie zuerst vielleicht die Effektivität der beiden Trainingseinheiten vergrößern könnten. Auch Fitnesssportler sollten vorsichtig Schritt für Schritt die Anzahl der Trainingseinheiten erhöhen. Das Leben ist lang genug. Sie haben Zeit. Wenn Sie dagegen der Meinung sind, dass Sie eine gute Kondition haben und neue Herausforderungen bewältigen können, dann also nichts wie los!

Als Aktivsportsportler sind Sie es schon gewohnt, häufig zu trainieren. Nordic Walking-Training in unterschiedlichem Tempo und in unterschiedlichem Gelände inspiriert und motiviert Sie bestimmt zum weiterem intensiven Training.

Wie soll man beginnen?

Ermitteln Sie zuerst Ihr Konditionsniveau anhand der Punkte 1, 2 und 3 in Tabelle 6. Ihr Fitnessniveau können Sie durch Vergleichen Ihrer Aktivitätsebene (1) mit der sportlichen Aktivität (2) bestimmen. Zum Beispiel, wenn Sie sich im Punkt (1) als einen regelmäßigen Sportler einstufen und im Durchschnitt 1 x in der Woche Sport treiben, kann durch das Programmieren festgestellt werden, dass Ihr Fitnessniveau dem Niveau eines Gesundheitssportlers entspricht.

Sie können durch die Ermittlung Ihres Konditionsniveaus auch die Durchführung des Gehtests (siehe Kapitel „Messung der Fitness beim Nordic Walking“) erleichtern. Benutzen Sie dann die Festlegungstabelle 3 des Fitnessniveaus im Nordic Walking-Teil dieses Buchs. Auf diese Weise können Sie das Resultat des Gehtests direkt auf die in Punkt 3 der Tabelle 6 beschriebenen Merkmale des Fitnessniveaus übertragen. Anhand dieser Merkmale erhalten Sie auch Aufschluss über Ihr Fitnessniveau und eine Empfehlung für die Zahl Ihrer Trainingseinheiten.

Aus Punkt 4 von Tabelle 6 ist als Endresultat die Gesamtzahl Ihrer Trainingseinheiten im Jahr ersichtlich. Mithilfe der Tabelle können Sie feststellen, dass bei regelmäßigem Training 1 x in der Woche die Zahl der jährlichen Trainingseinheiten 52 betragen wird. Diese Zahl ist also um 152 % größer als Null! Eine regelmäßige Trainingseinheit in der Woche verändert die Werte in der Tabelle also dramatisch. Eine regelmäßige Trainingseinheit mehr pro Woche bringt einen Zuwachs von 50 % mit sich. Sie können also mit äußerst kleinen Änderungen das Endresultat bedeutend verbessern. Am wichtigsten ist, dass Sie sich bewegen.

Tabelle 6.
Die Nordic Walking-Trainingseinheiten, Jahresplan.

1. Bestimmung des Aktivitätsniveaus ⇨	Passiv	Regelmäßig	Die Kondition verbessernd	Fitness-sportler	Aktivsportler
2. Trainings-aktivität ⇨	0 Trainings-einheiten wöchentlich	Eine Trainingseinheit wöchentlich	Zwei Trainings-einheiten wöchentlich	Drei Trainings-einheiten wöchentlich	Vier Trainings-einheiten wöchentlich
3. Bestimmung des Fitness-sportlerniveaus		⇩	Planung	⇩	
Aktivsportler 3-4 Trainings-einheiten				3 x in der Woche	4 x in der Woche
Fitnesssportler 2-3 Trainings-einheiten			2 x in der Woche	3 x in der Woche	
Gesundheits-sportler 1-2 Trainings-einheiten		1 x in der Woche	2 x in der Woche		
4. Gesamtzahl der Trainings-einheiten im Jahr	0	52	104	156	208

Tabelle 7.
Grundregeln für die Planung des Trainingsprogramms

1. Gesundheitssportler – **1-2 Trainingseinheiten in der Woche**
2. Fitnesssportler – **2-3 Trainingseinheiten in der Woche**
3. Aktivsportler – **3-4 Trainingseinheiten in der Woche**

MUSTERPROGRAMME

Im Folgenden werden vier Trainingsprogramme (Tabellen 8-11) als Planungsbeispiele bei unterschiedlicher Fitness vorgestellt. Die Tabellen 8-11 sind nach dem Schema 3:1 verfasst worden d. h. in der ersten Woche leichtes, in der zweiten Woche anstrengenderes und in der dritten Woche das anstrengendste Training. Die vierte Woche ist die Woche der Körperregeneration und sie sorgt dafür, dass das Nordic Walking-Training sowohl quantitativ (mengenmäßg) als auch qualitativ (tempomäßig) weniger intensiv wird, damit der Organismus sich ausruhen und regenerieren kann. Sie können diese Musterprogramme bei Ihrem Nordic Walking-Training verwenden. Befolgen Sie das Programm Woche für Woche in der Reihenfolge der Nummern. Nach der vierten Woche können Sie wieder mit der ersten Woche beginnen. Nach einiger Zeit, wenn die Nordic Walking-Übungen, das Nordic Walking-Training und die Planung des Trainingsprogramms Ihnen schon bekannt sind, können Sie mit der Planung Ihrer eigenen Nordic Walking-Programme anfangen.

Achtung! Bei der Planung und Durchführung der hier vorgestellten Programme muss beachtet werden, dass die Einnahme von Medikamenten die körperliche Belastung beim Training beeinflusst. Zu diesen Medikamenten gehören Herz- und Kreislaufpräparate sowie Medikamente gegen Asthma und psychische Krankheiten. Häufig werden Blutdruckmedikamente verwendet, die gewöhnlich den Blutdruck senken und die Frequenz der Pulsschläge vermindern sowie Asthmamedikamente, die die Frequenz der Pulsschläge erhöhen. Weil die Medikamente die Pulsschläge erhöhen oder vermindern können, ist es empfehlenswert, Ihren Arzt oder einen anderen Gesundheitsexperten in Bezug auf das passende Belastungsniveau für Nordic Walking zu konsultieren.

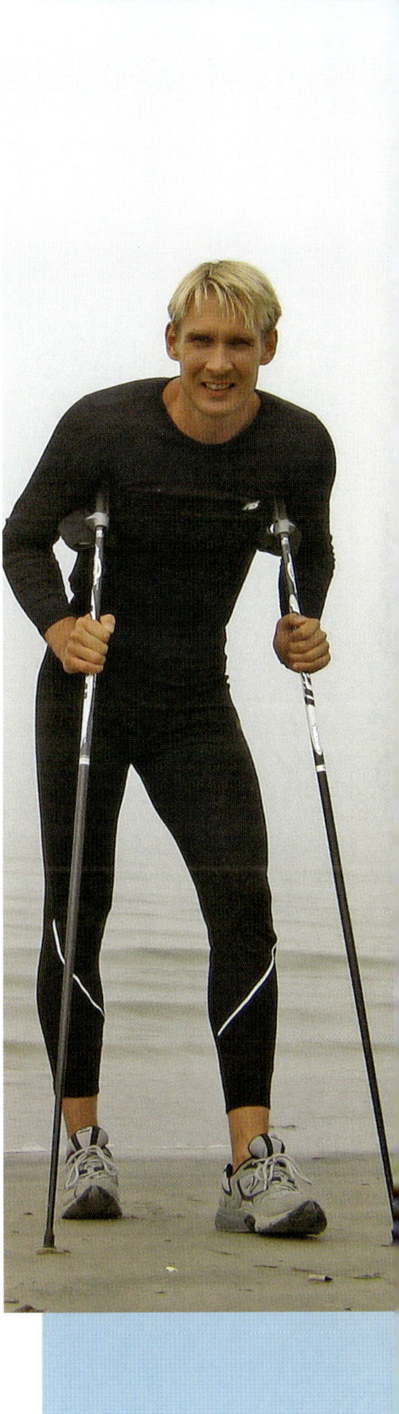

Tabelle 8

Programm 1	Montag	Dienstag	Mittwoch	Donnerstag	Freitag	Samstag	Sonntag
Gesundheitssportler		Aufwärmen mit Stöcken, Nordic Walking 45 min. GT, Stockgymnastik			Workout mit Stöcken 15 min.		
Fitnesssportler		Aufwärmen mit Stöcken, Nordic Walking 45 min. GT, Stockgymnastik			Aufwärmen mit Stöcken, Nordic Walking 1 Stunde GT schwer, Stockgymnastik		Workout mit Stöcken 15 min.
Aktivsportler	Aufwärmen mit Stöcken, Nordic Walking 45 min. GT leicht, Stockgymnastik		Aufwärmen mit Stöcken, Nordic Walking 1 Stunde GT schwer, Stockgymnastik		Aufwärmen mit Stöcken, Nordic Walking 45 min. GT leicht, Stockgymnastik	Workout mit Stöcken 20 min.	Aufwärmen mit Stöcken, Nordic Walking 1 Stunde 30 min. GT leicht, Stockgymnastik

Tabelle 9

Programm 2	Montag	Dienstag	Mittwoch	Donnerstag	Freitag	Samstag	Sonntag
Gesundheitssportler		Aufwärmen mit Stöcken, Nordic Walking 30 min. GT leicht, Stockgymnastik			Aufwärmen mit Stöcken, Nordic Walking 45 min. GT, Stockgymnastik		
Fitnesssportler		Aufwärmen mit Stöcken, Nordic Walking 45 min. GT leicht, Stockgymnastik			Aufwärmen mit Stöcken, Nordic Walking 45 min. GT schwer, Stockgymnastik		Aufwärmen mit Stöcken, Nordic Walking 1 Stunde 30 min. GT leicht, Stockgymnastik
Aktivsportler	Aufwärmen mit Stöcken, Nordic Walking 45 min. GT leicht, Stockgymnastik		Aufwärmen mit Stöcken, Nordic Walking 45 min. IT, Stockgymnastik		Aufwärmen mit Stöcken, Nordic Walking 30 min. GT leicht, Stockgymnastik	Workout mit Stöcken 20 min.	Aufwärmen mit Stöcken, Nordic Walking 2 Stunden G leicht, Stock gymnastik

Tabelle 10

Programm 3	Montag	Dienstag	Mittwoch	Donnerstag	Freitag	Samstag	Sonntag
Gesundheitssportler		Aufwärmen mit Stöcken, Nordic Walking 45 min. GT leicht, Stockgymnastik			Aufwärmen mit Stöcken, Nordic Walking 45 min. GT, Stockgymnastik		
Fitnesssportler		Aufwärmen mit Stöcken, Nordic Walking 45 min. GT leicht, Stockgymnastik			Aufwärmen mit Stöcken, Nordic Walking 1 Stunde GT schwer, Stockgymnastik		Aufwärmen mit Stöcken, Nordic Walking 1 Stunde 30 min. GT leicht, Stockgymnastik
Aktivsportler	Aufwärmen mit Stöcken, Nordic Walking 1 Stunde GT leicht, Stockgymnastik		Aufwärmen mit Stöcken, Nordic Walking 45 min. IT, Stockgymnastik		Aufwärmen mit Stöcken, Nordic Walking 1 Stunde GT leicht, in dieser Zeit 5 x TT bergauf (2 min.), Stockgymnastik	Work-out mit Stöcken 20 min.	Aufwärmen mit Stöcken, Nordic Walking 2,5 Stunden GT leicht, Stockgymnastik

Tabelle 11

Programm 4	Montag	Dienstag	Mittwoch	Donnerstag	Freitag	Samstag	Sonntag
Gesundheitssportler		Aufwärmen mit Stöcken, Nordic Walking 30 min. GT, Stockgymnastik					
Fitnesssportler		Aufwärmen mit Stöcken, Nordic Walking 30 min. GT, Stockgymnastik			Aufwärmen mit Stöcken, Nordic Walking 45 min. GT leicht, Stockgymnastik		
Aktivsportler	Aufwärmen mit Stöcken, Nordic Walking 45 min. GT leicht, Stockgymnastik		Aufwärmen mit Stöcken, Nordic Walking 30 min. GT, Stockgymnastik		Aufwärmen mit Stöcken, Nordic Walking 45 min. GT leicht, Stockgymnastik		

Nach intensiver Arbeit ist es Zeit, sich zu entspannen

SCHLUSSWORT

Das Verfassen des vorliegenden Buchs hat mir großes Vergnügen bereitet. Während des Schreibens konnte ich oft am eigenen Leib erfahren, welch großen Spaß Nordic Walking macht. Nach jeder Trainingseinheit war ich immer mehr davon überzeugt, dass Nordic Walking wirklich die beste Art des Gesundheitssports ist. Es ist die effektivste, angenehmste und sicherste Sportart der Welt. Nordic Walking ist wie ein gutes Buch. Sie möchten es überall hin mitnehmen, weil Sie davon gute Laune bekommen. Genau deswegen ist es auch leicht zu tragen.

Ich wünsche Ihnen die denkbar angenehmsten Momente beim Nordic Walking!

marko kantaneva

emerkung: Die Angaben in den Programmen 1-4 (Tabellen 8-) beruhen auf den jetzigen Angaben des Autors. Jeder, der die nweisungen dieser Programme oder andere Anweisungen dieses ıchs bei seinem Training befolgt, macht dies auf eigene Verantortung. Sowohl der Autor als auch der Herausgeber übernehmen ine Verantwortung für eventuelle Verletzungen oder Unfälle, die so sgelegt werden können, dass sie auf Anweisungen dieses Buches ückzuführen sein könnten.

Werdegang Marko Kantaneva

Beruflicher Werdegang

- 1997 Finnisches Sportinstitut Vierumäki, Sportberater
- 1998 F.A.F (Fitness Academy of Finland), Personal Trainer.
- 1999 Finnisches Sportinstitut Vierumäki, Berufstrainer.
- 2000-2004 Hauptausbilder Master-Trainer, Gründungs- und Vorstandsmitglied von INWA (International Nordic Walking Association). Aufgabe: internationale INWA Master-Trainer für die Mitgliedsorganisationen von INWA auszubilden.
- 2000-2004 Exel Oyj: Modellabteilungsleiter, Ski and Fitnessstöcke.

Publikationen 1999-2004:

- 1999 „Vom Nordic Walking zum Stockgesundheitssport", Kantaneva M., Kasurinen R., vom Autor verlegt.
- 2001 „Stockgymnastik", Kantaneva M., Kasurinen R., Gummerus.
- 2001 „Nordic Walking und andere Stocksportarten," Kantaneva M., Kasurinen R., Laukkanen R., Gummerus.
- 2002 „Personal Trainer", Haavisto S., Kantaneva M., Kasurinen R., Kilpiä P., Gummerus.
- Zahlreiche Artikel in verschiedenen Zeitungen, Zeitschriften und Fachzeitschriften.

TV:

- Manuskript des Fernsehprogramms „Das ABC des Wohlbefindens" und Auftritte im finnischen Fernsehkanal TV2 im Jahr 2000 sowie in den Wiederholungsprogrammen im Jahr 2003.

LITERATURVERZEICHNIS

American College of Sports Medicine. Position Stand: The recommanded quantity and quality of exercise for developing and maintaining cardiorespiratory and muscular fitness and flexibility in healthy adults. Med Sci Sports Exerc 30(6), 975-991, 1998.

Anttila, Holopainen, Jokinen. Nordic Walking und der Einfluss des regulären Nordic Walking-Trainings auf Beschwerden im Nacken- und Schulterbereich, Beweglichkeit des Halses und Brustkorbs und die aerobe Grundausdauer. Diplomarbeit Physiotherapie. Helsinki IV Lehranstalt für Gesundheitswesen, 1999. (in finnischer Sprache)

Polewalking and the effect of regular 12-week polewalking exercise on neck and shoulder symptoms, the mobility of the cervical and thoracic spine and aerobic capacity. Fysioterapian oppinnäytetyö. Helsingin IV terveydenhuolto-oppilaitos, 1999.

Brunelle, Miller. Res Quart Exerc Sport 69 (1), A30, 1998.

Butts, Knox, Foley. Energy cost of walking on a dual-action treadmill in men and women. Medi Sci Sports Exerc 27(1), 121-125, 1995.

Church, Earnest, Morss. Field testing of physiological responses associated with nordic walking. Res Quart Exerc Sport 73(1), 296-300, 2002.

Collins, Langbein, Orebaugh, Bammert, Hanson, Reda, Edwards, Littooy. Polestriding exercise and vitamin E for management of peripheral vascular disease. Med Sci Sports Exerc 35(3), 384-393, 2003.

Foley. The effects of Cross Walk (R)`s resistive arm poles on the metabolic costs of treadmill walking. Thesis. University of Wisconsin-La Grosse, 1994.

Gullstrand. Svedenhag. Akuta fysiologiska effekter vid gång på löpband med och utan stavar. Raport av Korpen. I samarbete med RF Elitidrottscentrum, Bosön, Lingö och Fysiologiska kliniken, St. Görans Sjukhus, Stockholm, 2001.

Hendrickson. The physiological responses to walking with and without Power Poles™ on treadmill exercise. Thesis. University of Wisconsin-La Grosse, 1993.

Jacobsen, Caldwell, Kulling. Comparison of hiking sticks use on lateral stability while balancing with and without load. Perceptual and Motor Skills, 85, 347-350, 1997.

Jordan, Olson, Earnest, Morss, Church. Metabolic cost of high intensity poling while nordic walking versus normal walking. Med Sci Sports Sci 33(5), 86, 2001.

Kantaneva, Kasurinen. Vom Nordic Walking zum Stockgesundheitssport, X-Masters, 1999. (in finnischer Sprache)

Kantaneva, Kasurinen. Workout mit Stöcken. Gummerus Oy, 2001. (in finnischer Sprache)

Kantaneva, Kasurinen, Laukkanen. Vom Nordic Walking zum Stockgesundheitssport. Gume-us Oy, 2001. (in finnischer Sprache)

Karawan. The effects of twelve weeks of walking or exert-riding on upper body muscular trength and endurance. Thesis. University of Wisconsin-La Grosse, 1992.

Karvonen, Mörsky, Tolppala, Varis. Einfluss des Nordic Walkings auf Schmerzen im Nacken-nd Schulterbereich bei Büroarbeitern. Diplomarbeit eines Physiotherapieprogramms, Fach-ochschule Mikkeli, Abteilung für Sozial- und Gesundheitswesen, 2000. (in finnischer Sprache)

Knight, Merrel, Caldwell. Kinematic effects of hiking poles use in simulated uphill backpa-king. Communication to the 3. North American Congress on Biomechanics, Waterloo, ON, anada, 1998.

nox. Energy cost of walking with and without arm activity on the Cross Walk dual motion oss trainer. Thesis. University of Wisconsin-La Grosse, 1993.

oskinen, Kärki, Virtanen. Kraft, Gleichgewicht und Nordic Walking. Der Zusammenhang vischen regelmäßigem Nordic Walking und der Muskulatur eines alternden, wenig bewegli-en Arbeiters und der Beibehaltung einer geraden Körperhaltung. Diplomarbeit Physiothe-pie, Fachhochschule Helsinki, Unterrichtsprogramm für Physiotherapie, 2003. (in finnischer rache)

ngbein, Collins, Orebauch, Malouney, Williams, Littooy, Edwards. Increasing exercise tole-ice of persons limited by claudication pain using polestriding. J Vasc Surg 35, 887-893, 2002.

Larkin. Aerobic responses to 12 weeks of exertriding or walking training in sedentary adult women. Thesis University of Wisconsin-La Grosse, 1992.

Moran, Pearl. Getting Stronger, Shelter Publications. Inc. 1986.

Morss, Church, Earnest, Jordan. Field test comparing the metabolic cost of normal walking versus walking with nordic walking. Med Sci Sports Exerc 33(55), 23, 2001.

Oja, Mänttäri, Pokki, Kukkonen-Harjula, Laukkanen, Malmberg, Miilunpalo, Suni, UKK-Walk test – Tester guide, UKK Institute for Health Promotion Research, 2001.

Parkatti. Functional capacity from Nordic Walking among elderly people. Aktives und auf das Leben orientiertes Älterwerden – Kongress. Jyväskylä, 2002. (in finnischer Sprache)

Porcari, Hendrickson, Walter, Terry, Walsko. The physiological responses to walking with and without Power Poles on treadmill exercise. Res Quart Exerc Sports 68(2), 161-166, 1967.

Porcari, Pump up your walk. ACSM`s Health and Fitness Journal Jan/Feb, 25-29, 1999.

Ripatti. Einfluss eines Nordic Walking -Trainingsprogramms auf die sportartspezifische Leistungsfähigkeit. Deutsche Sporthochschule Köln, 2002.

Rodgers, Vanhest, Schachter. Energy expenditure during submaximal walking with Exerctriders. Med Sci Sports Exerc 27(4), 607-611, 1995.

Schwameder, Roithner, Muller, Niessen, Raschner. Knee joint forces during downhill walking hiking poles. J Sports Sci 17, 969-978, 1999.

Stoughton. Psychological profiles before and after 12 weeks of walking or Exertrider training in adult women. Thesis. University of Wisconsin-La Grosse, 1992.

Walter, Porcari, Brice, Terry. Acute responses to using walking poles in patients with coronary aartery disease. J Cardiopulm Rehabil 16, 245-250, 1996.

BILDNACHWEIS

Coverlayout:	Jens Vogelsang, Aachen
Coverfotos:	OÜ EasyFit
Fotos:	OÜ EasyFit, Ying Liu
Modelle:	Marko Kantaneva, Anneli Meri, Terje Muuli, Christin Muuli, Kenneth Muuli, Erdi Naber, Irje Saluste, Robert Saluste, Sigrid Saluste, Maarika Varres, Michael Gates